Psychologie de l'attention

Théodule Ribot

Psychologie de l'attention

Editions le Mono

Collection « Connaissance de l'Homme et de la Société »

ISBN : 978-2-36659-545-1
EAN : 9782366595451

Introduction

On s'est beaucoup occupé des effets de l'attention, très peu de son mécanisme. Ce dernier point est le seul que je me propose d'étudier dans ce travail. Même dans ces limites, la question est importante, car elle est, comme on le verra plus tard, la contrepartie, le complément nécessaire de la théorie de l'association. Si cet essai contribue si peu que ce soit à bien montrer cette lacune de la psychologie contemporaine et à engager d'autres à la combler, il aura atteint son but.

Sans essayer pour le moment de définir ou de caractériser l'attention, je supposerai que chacun entend suffisamment ce que ce mot désigne. Une difficulté plus grande, c'est de savoir où l'attention commence et où elle finit car elle comporte tous les degrés depuis l'instant fugitif accordé à une mouche qui bourdonne, jusqu'à l'état de complète absorption. Il sera conforme aux règles d'une bonne méthode de n'étudier que les cas bien francs, typiques, c'est-à-dire ceux qui présentent l'un au moins de ces deux caractères l'intensité, la durée. Quand les deux coïncident l'attention est à son maximum. La durée seule arrive au même résultat par accumulation quand, par exemple, à la lumière de plusieurs étincelles électriques, on déchiffre un mot ou une figure. L'intensité toute seule est aussi efficace : ainsi une femme; en un clin d'œil, voit la toilette entière d'une rivale. Les formes faibles de l'attention ne peuvent rien nous apprendre en tout cas, ce n'est pas par elles qu'il faut commencer notre étude. Tant qu'on n'a pas tracé les grandes lignes, il est oiseux de noter des nuances et de s'attarder aux subtilités. L'objet de ce travail, c'est d'établir et de justifier les propositions suivantes :

Il y a deux formes bien distinctes d'attention l'une spontanée, naturelle; l'autre volontaire, artificielle.

La première, négligée par la plupart des psychologues, est la forme véritable, primitive, fondamentale, de l'attention. La seconde, seule étudiée par la plupart des psychologues, n'est qu'une imitation, un résultat de l'éducation, du dressage, de l'entraînement. Précaire et vacillante par nature, elle tire toute sa substance de l'attention spontanée, en elle seule elle trouve un point d'appui. Elle n'est qu'un appareil de perfectionnement et un produit de la civilisation. L'attention, sous ses deux formes, n'est pas une activité indéterminée, une sorte d' « acte pur » de l'esprit, agissant par des moyens mystérieux et insaisissables. Son mécanisme est essentiellement moteur, c'est-à-dire qu'elle agit toujours sur des muscles et par des muscles, principalement sous la forme d'un arrêt; et l'on pourrait choisir comme épigraphe de cette étude la phrase de Maudsley : « Celui qui est incapable de gouverner ses muscles est incapable d'attention. »

L'attention, sous ses deux formes, est un état exceptionnel, anormal, qui ne peut durer longtemps parce qu'il est en contradiction avec la condition fondamentale de la vie psychique le changement. L'attention est un état fixe. Si elle se prolonge outre mesure, surtout dans des conditions défavorables, chacun sait par expérience qu'il se produit une obnubilation de l'esprit toujours croissante, finalement une sorte de vide intellectuel, souvent accompagné de vertige. Ces troubles légers, transitoires, dénotent l'antagonisme radical de l'attention et de la vie psychique normale. La marche vers l'unité de conscience, qui est le fond même de l'attention, se montre mieux encore dans les cas franchement morbides que nous étudierons plus tard, sous leur forme chronique qui est l'idée fixe, et sous leur forme aiguë qui est l'extase.

Dès à présent et sans sortir des généralités, nous pouvons, à l'aide de ce caractère bien net - la tendance vers l'unité de conscience - arriver à définir l'attention. Si nous prenons un homme adulte, sain, d'intelligence moyenne, le mécanisme ordinaire de sa vie mentale consiste en un va-et-vient perpétuel d'événements intérieurs, en un défilé de sensations, de sentiments, d'idées et d'images qui s'associent ou se repoussent suivant certaines lois. À proprement parler, ce n'est pas, comme on l'a dit souvent, une chaîne, une série, mais plutôt une irradiation en plusieurs sens et dans plusieurs couches, un agrégat mobile qui se fait, se défait et se refait incessamment. Tout le monde sait que ce mécanisme a été très bien étudié de nos jours et que la théorie de l'association forme l'une des pièces les plus solides de la psychologie contemporaine. Non que tout ait été fait; car, à notre avis, on n'a pas assez tenu compte du rôle des états affectifs comme cause cachée d'un grand nombre d'associations. Plus d'une fois il arrive qu'une idée en évoque une autre, non en vertu d'une ressemblance qui leur serait commune en tant que représentations, mais parce qu'il y a un même fait affectif qui les enveloppe et qui les réunit. Il resterait aussi à ramener les lois de l'association à des lois physiologiques, le mécanisme psychologique au mécanisme cérébral qui le supporte mais nous sommes bien loin de cet idéal. L'état normal, c'est la pluralité des états de conscience ou, suivant une expression employée par certains auteurs, le polyidéisme. L'attention est l'arrêt momentané de ce défilé perpétuel, au profit d'un seul état c'est un monoïdéisme. Mais il est nécessaire de bien déterminer dans quel sens nous employons ce terme. L'attention est-elle la réduction à un seul et unique état de conscience? Non; l'observation intérieure nous apprend qu'elle n'est qu'un monoïdéisme relatif, c'est-à-dire qu'elle suppose l'existence d'une idée maîtresse attirant tout ce qui se rapporte à elle et rien d'autre, ne permettant aux associations de se produire que dans des limites très étroites et à condition qu'elles convergent vers un même point. Elle draine à son profit, du moins dans la mesure possible, toute l'activité cérébrale.

Existe-t-il des cas de monoïdéisme absolu, où la conscience est réduite à un seul et unique état qui la remplit tout entière, où le mécanisme de l'association s'arrête totalement? A notre avis, cela se rencontre dans quelques cas très rares d'extase que nous analyserons plus tard; mais c'est un instant fugitif, parce que la conscience, placée en dehors des conditions rigoureusement nécessaires de son existence, disparaît.

L'attention (nous rappelons encore une fois, pour n'y plus revenir, que nous n'étudions que les cas bien nets) consiste donc dans la substitution d'une unité relative de la conscience à la pluralité d'états, au changement qui est la règle. Toutefois, cela n'est pas suffisant pour la définir. Un fort mal de dents, une colique néphrétique, une jouissance intense produisent une unité momentanée de la conscience que nous ne confondons pas avec l'attention. L'attention a un objet; elle n'est pas une modification purement subjective c'est une connaissance, un état intellectuel. Nouveau caractère à noter.

Ce n'est pas tout. Pour la distinguer de certains états qui s'en rapprochent et qui seront étudiés au cours de ce travail (par exemple les idées fixes), nous devons tenir compte de l'adaptation qui raccompagne toujours et qui nous essayerons de l'établir la constitue en grande partie. En quoi consiste cette adaptation? Pour le moment, bornons-nous à une vue tout à fait superficielle. Dans les cas d'attention spontanée, le corps entier converge vers son objet, les yeux, les oreilles, quelquefois les bras; tous les mouvements s'arrêtent. La personnalité est prise, c'est-à-dire que toutes les tendances de l'individu, toute son énergie disponible visent un même point. L'adaptation physique et extérieure est le signe de l'adaptation psychique et intérieure. La convergence, c'est la réduction à l'unité se substituant à la diffusion des mouvements et des attitudes, qui caractérise l'état normal.

Dans les cas d'attention volontaire, l'adaptation est le plus souvent incomplète, intermittente, sans solidité. Les mouvements s'arrêtent, mais pour réapparaître de temps en temps. L'organisme converge, mais d'une façon moite et lâche. Les intermittences de l'adaptation physique sont le signe des intermittences de l'adaptation mentale.

La personnalité n'est prise que partiellement et par moments.

Je prie le lecteur d'excuser ce que ces brèves remarques ont d'obscur et d'insuffisant. Les détails et les preuves viendront plus tard. Il s'agissait seulement de préparer à une définition de l'attention que je crois pouvoir proposer sous cette forme : *C'est un monoïdéisme intellectuel avec adaptation spontanée ou artificielle.* Si l'on préfère une autre formule : *L'attention consiste en un état intellectuel, exclusif ou prédominant, avec adaptation spontanée ou artificiel de l'individu.*

Laissons maintenant ces généralités pour étudier dans leur mécanisme toutes les formes de l'attention.

Chapitre 1
L'attention spontanée

L'attention spontanée est la seule qui existe tant que l'éducation et les moyens artificiels n'ont pas été mis en œuvre. Il n'y en a pas d'autre chez la plupart des animaux et les jeunes enfants. C'est un don de la nature, très inégalement réparti entre les individus. Mais, forte ou faible, partout et toujours elle a pour cause des états affectifs. Cette règle est absolue, sans exception.

L'homme, comme l'animal, ne prête spontanément son attention qu'à ce qui le touche, à ce qui l'intéresse, à ce qui produit en lui un état agréable, désagréable ou mixte. Comme le plaisir et la peine ne sont que des signes que certaines de nos tendances sont satisfaites ou contrariées et comme nos tendances sont ce qu'il y a en nous de plus intime, comme elles expriment le fond de notre personnalité, de notre caractère, il s'ensuit que l'attention spontanée a ses racines au fond même de notre être. La nature de l'attention spontanée chez une personne révèle son caractère ou tout au moins ses tendances fondamentales. Elle nous apprend si c'est un esprit frivole, banal, borné, ouvert, profond. La portière prête spontanément toute son attention aux commérages le peintre, à un beau coucher de soleil où le paysan ne voit que l'approche de la nuit; le géologue, aux pierres qu'il rencontre où le profane ne voit que des cailloux. Que le lecteur regarde en lui et autour de lui; les exemples sont si faciles à trouver qu'il est inutile d'insister.

On s'étonnerait qu'une vérité si évidente, qui crève les yeux l'attention spontanée, sans un état affectif antérieur, serait un effet sans cause, ne soit pas depuis longtemps un lieu commun en psychologie, si la plupart des psychologues ne s'étaient obstinés à n'étudier que les formes supérieures de l'attention, c'est-à-dire à commencer par la fin. Il importe au contraire d'insister sur la forme primitive sans elle, rien ne se comprend, rien ne s'explique, tout est en l'air et l'on reste sans fil conducteur pour cette étude. Aussi ne craindrons-nous pas de multiplier les preuves.

Un homme ou un animal incapable, par hypothèse, d'éprouver du plaisir ou de la peine, serait incapable d'attention. Il ne pourrait exister pour lui que des états plus intenses que d'autres, ce qui est tout dînèrent. Il est donc impossible de soutenir, au même sens que Condillac, que si au milieu d'une foule de sensations il y en a une qui prédomine par sa vivacité, elle «se transforme en attention». Ce n'est pas l'intensité seule qui agit, mais avant tout notre adaptation, c'est-à-dire nos tendances contrariées ou satisfaites. L'intensité n'est qu'un élément souvent le moindre. Aussi qu'on remarque combien l'attention spontanée est naturelle, sans effort. Le badaud qui flâne dans la rue, reste béant devant un cortège ou une mascarade qui passe, imperturbable tant que dure le défilé. Si, à un moment, l'effort apparaît, c'est un signe que l'attention change de nature, qu'elle devient volontaire, artificielle.

Dans la biographie des grands hommes, les traits abondent qui prouvent que l'attention spontanée dépend tout entière des états affectifs. Ces traits sont les meilleurs, parce qu'ils nous montrent le phénomène dans toute sa force. Les grandes attentions sont toujours causées et soutenues par de grandes passions. Fourier, dit Arago, reste turbulent et incapable d'application jusqu'à l'âge de treize ans alors il est initié aux éléments des mathématiques et devient un autre homme. Malebranche prend par hasard et avec répugnance le traité de *l'Homme* de Descartes; cette lecture « lui causa des palpitations de cœur si violentes qu'il était obligé de quitter son livre à toute heure et d'en interrompre la lecture pour respirer à son aise», et il devient cartésien. Il est bien inutile de parler de Newton et de tant d'autres. - On dira peut-être : Ces traits sont la marque d'une vocation qui se révèle. Mais qu'est-ce donc qu'une vocation, sinon une attention qui trouve sa voie et s'oriente pour toute la vie? Il n'est même pas dé plus beaux exemples d'attention spontanée, car celle-ci ne dure pas quelques minutes ou une heure, mais toujours.

Examinons un autre aspect de la question. L'état d'attention est-il continu? Oui, en apparence en réalité, il est intermittent. « Ce que l'on appelle faire attention à un objet, c'est, strictement parlant, suivre une série d'impressions ou d'idées connexes, avec un intérêt continuellement renouvelé et approfondi. Par exemple, quand on assiste à un spectacle dramatique. Même quand il s'agit d'un petit objet matériel, comme une monnaie ou une fleur, il y a une transition continuelle de l'esprit d'un aspect à un autre, une série de suggestions. Il serait donc plus exact de dire que l'objet est un centre d'attention, le point d'où elle part et où elle revient continuellement »

Des recherches psychophysiques dont nous parlerons plus tard montrent que l'attention est soumise à la loi du rythme. Stanley Hall, en étudiant avec beaucoup de soin les changements graduels de pression produite sur le bout du doigt, a constaté que la perception de la continuité semble impossible, que le sujet ne peut avoir un sentiment de croissance ou de décroissance continues. L'attention choisit entre plusieurs degrés de pression pour les comparer. Certaines erreurs dans l'enregistrement des phénomènes astronomiques sont aussi dus à ces oscillations de l'attention.

Maudsley et Lewes ont assimilé l'attention à un réflexe; il serait plus juste de dire une série de réflexes. Une excitation physique produit un mouvement. De même, une stimulation venant de l'objet produit une adaptation incessamment répétée. Les cas profonds et tenaces d'attention spontanée ont tous les caractères d'une passion qui ne s'assouvit pas et recommence perpétuellement pour tacher de se satisfaire. Le dipsomane, en face d'un verre plein, l'avale; et si une fée malfaisante le remplissait à mesure qu'il est vide, il ne s'arrêterait pas. La passion érotique fait de même. Vicq d'Azyr prétendait que les singes ne sont pas éducables parce qu'on ne peut pas les rendre attentifs (ce qui est faux d'ailleurs). Gall répliquait Montrez à un singe sa femelle et vous verrez s'il est capable d'attention. En face d'un problème scientifique, l'esprit d'un Newton agit de même; c'est une irritation perpétuelle qui le tient en sa puissance sans trêve ni repos. Il n'y a pas de fait plus clair, plus incontestable, plus facile à vérifier que celui-ci l'attention spontanée dépend des états affectifs, désirs, satisfaction, mécontentement, jalousie, etc. ; son intensité et sa durée dépendent de leur intensité et de leur durée.

Notons ici un fait important dans le mécanisme de l'attention. Cette intermittence réelle dans une continuité apparente rend seule possible une longue attention. Si nous tenons un de nos yeux fixé sur un point unique, au bout de quelque temps la vision devient confuse, il se forme comme un nuage entre l'objet et nous, finalement nous ne voyons plus rien. Si nous posons notre main à plat, immobile, sur une table, sans appuyer (car la pression est un mouvement), peu à peu la sensation s'émousse et finit par disparaître. C'est qu'il n'y a pas de perception sans mouvement, si faible qu'il soit.

Tout organe sensoriel est à la fois sensitif et moteur. Dès qu'une immobilité absolue élimine l'un des deux éléments (la motilité), la fonction de l'autre est bientôt mise à néant. En un mot, le mouvement est la condition du changement, qui est une des conditions de la conscience. Ces faits bien connus, d'une expérience vulgaire, nous font comprendre la nécessité de ces intermittences dans l'attention, souvent imperceptibles à la conscience, parce qu'elles sont très courtes et d'un ordre très délicat.

II

Les manifestations physiques de l'attention sont nombreuses et d'une très grande importance. Nous allons les passer en revue minutieusement, en prévenant d'avance que nous les considérons moins comme les effets de cet état de l'esprit que comme ses conditions nécessaires, souvent même comme ses éléments constitutifs. Cette étude, loin d'être accessoire, est donc pour nous capitale. Pour obtenir une conception quelque peu nette du mécanisme de l'attention, il n'y a pas à chercher ailleurs. Elle n'est, en définitive, qu'une attitude de l'esprit, un état purement formel si on la dépouille de tous les accompagnements physiques qui la déterminent, qui lui donnent un corps, on reste en présence d'une abstraction pure, d'un fantôme. Aussi ceux qui n'ont parlé de l'attention que d'après l'observation intérieure sont restés muets sur son mécanisme et se sont bornés à célébrer sa puissance.

Il faut toujours avoir présent à la mémoire ce principe fondamental Tout état intellectuel est accompagné de manifestations physiques déterminées. La pensée n'est pas, comme beaucoup l'admettent encore par tradition, un événement qui se passe dans un monde suprasensible, éthéré, insaisissable. Nous répéterons avec Setchenoff «Pas de pensée sans expression », c'est-à-dire la pensée est une parole ou un acte à l'état naissant, c'est-à-dire un commencement d'activité musculaire. Les formes sensorielles de l'attention témoignent assez clairement de ce principe pour que personne n'en doute il en est de même de cette forme intérieure et cachée, dont nous parlerons plus tard, qu'on appelle la réflexion.

Les concomitants physiques de l'attention peuvent se ramener à trois groupes phénomènes vaso-moteurs, phénomènes respiratoires, phénomènes moteurs ou d'expression. Ils dénotent tous un état de convergence de l'organisme et de concentration du travail.

1). « Supposons que vingt personnes fixent leur attention pendant cinq à dix minutes sur leur petit doigt; voici à peu près ce qui adviendra, quelques-unes n'auront conscience d'aucune sensation; d'autres éprouveront des sensations marquées, souffrance, douleur, battements artériels la plupart sentiront une faible impression de pesanteur et de fourmillement. Cette simple expérience soulève les questions suivantes N'y a-t-il pas toujours, dans telle ou telle partie du corps, des sensations dues aux modifications incessantes des tissus, modifications qui passent inaperçues, à moins que l'attention ne se fixe sur elles? L'acte d'attention peut-il augmenter l'activité vasculaire des ganglions sensoriels et y faire naître des sensations subjectives? Enfin les centres sympathiques peuvent-ils être excites~ les nerfs vaso-moteurs peuvent-ils être influencés de manière à déterminer des modifications vasculaires transitoires dans le doigt auquel se rapporte la sensation? – La première supposition ne semble vraisemblable que dans une très faible mesure. A vrai dire, on peut toujours éprouver une sensation dans le doigt, quand on s'applique attentivement à rechercher cette sensation. Nous pensons que les deux autres suppositions sont très fondées. Peut-être la sensation éprouvée est-elle partiellement subjective; mais, à notre avis, le doigt sur lequel se fixe la pensée pendant un temps assez long est réellement le siège d'une sensation. Les modifications vasculaires qui surviennent sont ressenties sous forme de battements artériels, de pesanteur, etc. »

Il est extrêmement probable et presque universellement admis que l'attention, même lorsqu'elle ne s'applique à aucune région de notre corps, est accompagnée de l'hyperhémie locale de certaines parties du cerveau. La vascularisation des parties intéressées augmente par suite d'une activité fonctionnelle plus grande. Cette hyperhémie locale a pour cause une dilatation des artères qui a elle-même pour cause l'action des nerfs vaso-moteurs sur les tuniques musculaires des artères. Les nerfs vaso-moteurs dépendent du grand sympathique, qui est soustrait à l'action de la volonté, mais qui subit toutes les influences des états affectifs. Les expériences de Mosso, entre autres, montrent que l'émotion la plus légère, la plus fugitive, cause un afflux de sang au cerveau. «La circulation sanguine est plus active dans l'organe cérébral pendant qu'il travaille que pendant le repos. Nous sommes donc autorisés à dire que l'attention en se portant sur un ensemble d'idées a pour effet d'accélérer la circulation dans le substratum nerveux de ces idées. C'est précisément ce qui arrive, lorsqu'une idée s'est fortement emparée de l'esprit elle maintient dans le cerveau une circulation active et ne lui permet pas de se reposer et de s'endormir » Notons encore, après une attention prolongée, la rougeur (quelquefois la pâleur) du visage.

2). Les modifications respiratoires qui accompagnent l'attention se rapprochent des phénomènes moteurs proprement dits et entrent pour une part dans le sentiment de l'effort. Le rythme de la respiration change, il se ralentît et subit parfois un arrêt temporaire. « Acquérir le pouvoir d'attention, dit Lewes, c'est apprendre à faire alterner les ajustements mentaux avec les mouvements rythmiques de la respiration. C'est une expression heureuse que celle qui, en français, désigne un penseur vif, mais superficiel, comme incapable d'une œuvre de *longue haleine* » Le bâillement qui suit un effort soutenu d'attention est probablement l'effet du ralentissement de la respiration. Souvent, en pareil cas, nous produisons une inspiration prolongée, pour renouveler amplement l'air de nos poumons. Le soupir, autre symptôme respiratoire, est, comme l'ont fait remarquer plusieurs auteurs, commun à l'attention, à la douleur physique et morale il a pour fin d'oxygéner le sang narcotisé par l'arrêt volontaire ou involontaire de la respiration.

Tous ces faits sont autant de preuves en faveur de ce qui a été dit plus haut l'attention est un fait exceptionnel, anormal, qui ne peut durer longtemps.

3). Les mouvements du corps qui, suivant la locution admise, expriment l'attention, sont d'une importance capitale. Nous ne pouvons dans ce chapitre en faire qu'une étude partielle; le reste sera mieux à sa place sous le titre de l'attention volontaire mais ici, pour la première fois, nous allons entrevoir le mécanisme moteur de l'attention.

Examinons d'abord les faits. Ils n'ont été étudiés sérieusement que de nos jours. Auparavant, les artistes et quelques physiognomonistes, trop indulgents pour leurs fantaisies, s'en étaient seul occupés.

Duchenne (de Boulogne), initiateur en ce sujet comme en plusieurs autres, eut l'idée de substituer à l'observation pure, pratiquée par ses devanciers (Ch. Bell, Gratiolet, etc.), la méthode expérimentale. Il provoquait, par l'électricité, la contraction isolée d'un muscle de la face homme atteint d'anesthésie et fixait par la photographie le résultat de l'expérience. D'après la théorie qu'il a exposée dans son *Mécanisme de la physionomie humaine* (1862), il suffit souvent de la contraction d'un seul muscle pour exprimer une émotion; chaque état affectif produit une modification locale unique. Ainsi, pour lui, le frontal est le muscle de l'attention, l'orbiculaire supérieur des paupières le muscle de la réflexion, le pyramidal le muscle de la menace, le grand zygomatique le muscle du rire, le sourcilier le muscle de la douleur, le triangulaire des lèvres le muscle du mépris, etc. Toutefois, Duchenne se bornait à constater les faits, suivant en cela l'exemple de J. Muller, qui déclarait que l'expression des émotions est un fait totalement inexplicable. Darwin alla plus loin. Usant de la méthode comparative et s'appuyant sur de laborieuses enquêtes, il recherca l'origine des divers mécanismes de l'expression; il s'efforça d'établir pourquoi la contraction de tel muscle déterminé du visage est associée nécessairement à tel état déterminé de l'esprit.

En l'absence de ces investigations minutieuses, toute tentative pour expliquer le mécanisme de l'attention eût été prématurée. Comment expliquer un mécanisme dont ou ne connaît pas les rouages? Voyons sommairement ce que l'on sait sur l'attention sous ses deux formes appliquée aux objets extérieurs (attention proprement dite) ou aux événements intérieurs (réflexion). L'attention (pour préciser, nous l'appellerons sensorielle) contracte le frontal. Ce muscle, qui occupe toute la région du front, a son insertion mobile dans la face profonde de la peau du sourcil et son insertion fixe dans la partie postérieure du crâne. En se contractant, il tire à lui le sourcil, l'élève et détermine des rides transversales sur le front par suite, l'œil est grand ouvert, bien éclairé. Dans les cas extrêmes, la bouche s'ouvre largement. Chez les enfants et chez beaucoup d'adultes, l'attention vive produit une protrusion des lèvres, une sorte de moue. Preyer a essayé d'expliquer ce jeu de physionomie par une influence héréditaire. «Tous les animaux, dit-il, dirigent d'abord leur attention vers la recherche de la nourriture. Les objets que peuvent atteindre leurs lèvres, leurs poils tactiles, leur trompe et leur langue sont ceux sur lesquels se t'ont leurs premières recherches. Tout examen, toute recherche de la nourriture s'accompagne donc d'une activité prépondérante de la bouche et de ses annexes. Chez le nouveau-né qui tette, la bouche s'allonge en avant.» Il se formerait ainsi une association entre les premiers mouvements de la bouche et l'activité de l'attention.

La réflexion s'exprime d'une autre manière, presque inverse. Elle agit sur l'orbiculaire supérieur des paupières, abaisse le sourcil. Par suite, il se forme des petits plis verticaux dans l'espace inter-sourcilier, l'œil est voilé ou tout à fait fermé, ou bien il regarde intérieurement. Ce froncement des sourcils donne à la physionomie une expression d'énergie intellectuelle. La bouche est fermée, comme pour soutenir un effort. L'attention s'adapte au dehors, la réflexion au dedans. Darwin explique le mode expressif de la réflexion par l'analogie. C'est l'attitude de la vision difficile, transférée des objets extérieurs aux événements intérieurs qui se laissent saisir malaisément.

Nous n'avons parlé jusqu'ici que des mouvements de la face, mais il y a ceux du corps tout entier de la tête, du tronc, des membres. Il est impossible de les décrire en détail, parce qu'ils varient avec chaque espèce animale Il y a, en général, immobilité, adaptation des yeux, des oreilles, du toucher, suivant les cas en un mot, tendance vers l'unité d'action, convergence. La concentration de la conscience et celle des mouvements, la diffusion des idées et celle des mouvements vont de pair. Rappelons les remarques et les calculs de Galion à ce sujet. Il a observé un auditoire de cinquante personnes assistant à un cours ennuyeux. Le nombre des mouvements nettement appréciables de l'auditoire était très uniforme quarante-cinq par minute, soit, en moyenne, un mouvement par personne. A plusieurs reprises, l'attention du public ayant été réveillée, le nombre des mouvements diminua de moitié; ils étaient, en outre, moins étendus, moins prolongés, plus brefs et plus rapides.

Je préviens, en passant, une objection. Chacun sait que l'attention au moins sous sa forme réfléchie, s'accompagne quelquefois de mouvements. Beaucoup de gens trouvent que la marche les aide à sortir d'une perplexité, d'autres se frappent le front, se grattent la tête, se frottent les yeux, remuent d'une façon incessante et rythmique les bras ou les jambes. C'est là une dépense, non une économie de mouvements; mais c'est une dépense qui profite. Les mouvements ainsi produits ne sont pas de simples phénomènes mécaniques agissant sur le milieu extérieur ils agissent aussi, par le sens musculaire, sur le cerveau qui les reçoit comme toute autre impression sensorielle et ils augmentent l'activité cérébrale. Une marche rapide, une course accélèrent le cours des idées et de la parole; elles produisent, comme dit Bain, une ivresse mécanique. Les recherches expérimentales de M. Féré, que nous ne pouvons rapporter ici, nous fournissent de nombreux exemples de l'action dynamogénique des mouvements. Nous étirons nos bras et nos jambes pour nous mettre en train de travailler, c'est-à-dire que nous réveillons les centres moteurs. Des mouvements passifs imprimés des membres paralysés ont pu, dans certains cas, en ravivant les images motrices, restituer l'activité perdue. Remarquons d'ailleurs que ces mouvements ont pour résultat d'augmenter l'activité mentale, non de concentrer l'attention; ils lui fournissent simplement une matière. C'est une opération préliminaire.

Cette objection écartée, nous avons maintenant à déterminer le véritable rôle des mouvements dans l'attention. Nous nous sommes bornés jusqu'ici à les décrire, du moins les principaux. Ramenons la question à ses termes les plus clairs et les plus simples :

Les mouvements de la face, du corps, des membres, et les modifications respiratoires qui accompagnent l'attention sont-ils simplement, comme on l'admet d'ordinaire, des effets, des signes? Sont-ils, au contraire, *les conditions nécessaires, les éléments constitutifs, les facteurs indispensables de l'attention ?* Nous admettons cette seconde thèse, sans hésiter. Si l'on supprimait totalement les mouvements, on supprimait totalement l'attention. Quoique, pour le moment, nous ne puissions établir cette thèse qu'en partie (l'étude de l'attention volontaire, réservée pour un autre chapitre, nous la fera voir sous un nouvel aspect), comme nous touchons ici au point essentiel du mécanisme de l'attention, il convient d'insister.

Le rôle fondamental des mouvements dans l'attention consiste à maintenir l'état de conscience et à le renforcer. Puisqu'il s'agit d'un mécanisme, il est préférable de prendre la question par son côté physiologique, en considérant ce qui se passe dans le cerveau, au double titre d'organe intellectuel et d'organe moteur.

1° Comme organe intellectuel, le cerveau sert de substratum aux perceptions (dans l'attention sensorielle), aux images et aux idées (dans la réflexion). Par hypothèse, les éléments nerveux qui fonctionnent fournissent un travail supérieur à la moyenne. L'attention cause certainement une innervation intense, comme le prouvent les nombreuses expériences de psychométrie où elle entre enjeu. « Une idée en activité) dit Maudsley, engendre dans les éléments nerveux un changement moléculaire qui se propage le long des nerfs sensitifs jusqu'à la périphérie ou du moins jusqu'aux ganglions sensoriels dont la sensibilité se trouve ainsi accrue. Il résulte de cette propagation de l'action moléculaire aux ganglions que les muscles en rapport avec le sens sollicité entrent, par action réflexe, en une certaine tension et augmentent le sentiment de l'attention. Pour Hartmann, l'attention « consiste en vibrations matérielles des nerfs », « en un courant nerveux qui parcourt les nerfs sensibles en se dirigeant du centre à la périphérie ». Mais il y a un autre clément et non le moins important.

2° Comme organe moteur, le cerveau joue un rôle complexe. D'abord il agit comme initiateur des mouvements qui accompagnent la perception, l'image ou l'idée; puis ces mouvements, souvent intenses, reviennent au cerveau, par le moyen du sens musculaire a titre de sensations des mouvements; celles-ci augmentent la quantité d'énergie disponible qui d'une part sert à maintenir ou à renforcer la conscience, d'autre part revient à son point de départ sous la forme d'un nouveau mouvement. Il y a ainsi un va-et-vient du centre à la périphérie, de la périphérie au centre, puis du centre renforcé à la périphérie et ainsi de suite. L'intensité de la conscience n'est que l'expression subjective de ce travail compliqué. Mais supposer qu'elle puisse durer sans ces conditions organiques, c'est une hypothèse gratuite, en complet désaccord avec tout ce que l'expérience nous montre. Le spectateur naïf qui s'ennuie à l'Opéra, parce qu'il ne comprend rien à la musique, devient tout attention s'il se produit un brusque changement de décor, c'est-à-dire que l'impression visuelle a produit instantanément une adaptation des yeux et de tout le corps. Sans cette convergence organique, l'impression s'évanouirait rapidement. «C'est, dit Wundt, dans la réaction prépondérante sur les parties sensitives, source originelle du processus, que consiste essentiellement la différence entre l'attention et le mouvement volontaire. Dans celui-ci, l'excitation centrale prend sa direction principale vers les muscles; dans l'attention, les muscles ne concourent qu'à des mouvements sympathiques subordonnés», en d'autres termes, il se produit une réflexion de mouvements. Enfin résumons avec Maudsley, ce mécanisme « D'abord, excitation du trajet d'idéation approprié, au moyen de la représentation externe ou de la représentation interne; secondement, augmentation d'énergie de cette première stimulation par une nouvelle stimulation due à l'innervation motrice correspondante; troisièmement, une nouvelle augmentation d'énergie par la réaction subséquente des centres perceptifs, plus actifs que les autres, sur l'idée; car l'influence réciproque de ces facteurs sensoriels et moteurs renforce jusqu'à un certain point son activité.

Si donc nous comparons l'état ordinaire à l'état d'attention, nous trouvons dans le premier des représentations faibles, peu de mouvements dans le second, une représentation vive, des mouvements énergiques et convergents, et en plus la répercussion des mouvements produits. Il importe peu que ce dernier apport soit conscient ou non ce n'est pas la conscience qui fait la besogne, elle en profite.

On dira peut-être Nous admettons cette réaction des mouvements sur le cerveau, mais rien ne prouve que les mouvements ne soient pas à l'origine un simple effet de l'attention. Il y a trois hypothèses possibles l'attention (l'état de conscience) est cause des mouvements, ou elle en est l'effet, ou elle en est d'abord la cause, ensuite l'effet.

Je demande à ne pas choisir' entre ces trois hypothèses d'une valeur purement logique et dialectique et à poser la question autrement. Sous cette forme, elle est tout imprégnée, sans qu'il y paraisse, de ce dualisme traditionnel dont la psychologie a tant de peine à se débarrasser, et elle se réduit, en définitive, demander si, dans l'attention, c'est l'âme qui agit d'abord sur le corps ou le corps sur l'âme. Je n'ai pas à résoudre cette énigme. Pour la psychologie physiologique, il n'existe que des états intérieurs, différant entre eux tant par leurs qualités propres que par leurs concomitants physiques. Si l'état intellectuel qui se produit est faible, court, sans expression saisissable, ce n'est pas l'attention. S'il est fort, stable, délimité et traduit par les modifications physiques sus-mentionnées, c'est l'attention. Ce que nous soutenons, c'est que l'attention n'existe pas *in abstracto*, à titre d'événement purement intérieur c'est un état concret, un complexus psycho-physiologique. Chez notre spectateur l'Opéra, qu'on supprime, par hypothèse, l'adaptation des yeux, de la tête, du corps, des membres, les changements de la respiration et de la circulation cérébrale, etc., la réaction consciente ou inconsciente de tous ces phénomènes sur le cerveau ce qui reste du tout primitif, ainsi dépouillé et vidé, n'est plus l'attention. S'il reste quelque chose, c'est un état de conscience éphémère, l'ombre de ce qui a été. Nous espérons que cet exemple, quelque chimérique qu'il soit, nous fera mieux comprendre que de longs discours. Les manifestations motrices ne sont ni des effets ni des causes, mais des éléments avec l'état de conscience qui en est le côté subjectif, ils sont l'attention.

Que le lecteur ne prenne d'ailleurs ceci que comme une ébauche, une vue provisoire du sujet, qui sera complétée plus tard. Ainsi, nous ne parlons pas du sentiment de l'effort, parce qu'il est très rare dans l'attention spontanée, si même il se rencontre mais le rôle des mouvements est d'une assez grande importance pour qu'on y revienne à plusieurs fois.

III

L'état de surprise ou d'étonnement est un grossissement de l'attention spontanée dont il convient de dire quelques mots. Quoique très fréquent dans la vie courante, il a été oublié par la psychologie. Je trouve cependant dans le Traité des passions de Descartes (2e partie, art. 70) la définition suivante « L'admiration est une subite surprise de l'âme, qui fait qu'elle se porte à considérer avec attention les objets qui lui semblent rares et extraordinaires. Ainsi, elle est causée premièrement par l'impression qu'on a dans le cerveau qui représente l'objet comme rare et par conséquent digne d'être fort considéré; puis, ensuite, par le mouvement des esprits qui sont disposés par cette impression à tendre avec une grande force vers l'endroit du cerveau où elle est pour l'y fortifier et conserver comme aussi ils sont disposés par elle à passer de là dans les muscles qui servent à retenir les organes des sens en la même situation qu'ils sont, afin qu'elle soit encore entretenue par eux, si c'est par eux qu'elle a été formée. Ce passage vaut la peine d'être médité. Si on le lit avec soin, on trouvera, en tenant compte de quelque différence de langage, que presque tous les éléments que nous nous sommes efforcé de montrer dans le mécanisme de l'attention spontanée, sont clairement énumérés l'augmentation de l'influx nerveux à la suite de l'impression, sa dérivation partielle vers les muscles, l'action de ces muscles pour «entretenir» et pour «fortifier». Notons, en passant, que la manière de procéder de Descartes est celle de la psychologie physiologique, non celle de la psychologie spiritualiste, qui, bien à tort, se réclame de lui.

La surprise, à un plus haut degré l'étonnement, est un choc produit par ce qui est nouveau et inattendu si, par exemple, une personne casanière, que je crois chez elle à deux cents lieues, entre brusquement chez moi.

Du côté mental, peu de chose à en dire. Elle appartient au groupe des émotions, et, sous sa forme forte, c'est une commotion. A proprement parler, c'est moins un état qu'un intermède entre deux états, une rupture brusque, une lacune, un hiatus. Au moment du choc, le polyidéisme antérieur s'arrête net, parce que l'état nouveau fait irruption, comme un géant, dans le *struggle for life* qui existe entre les états de conscience. Peu à peu, l'état nouveau est classé, mis en connexion avec d'autres, l'équilibre tend à se rétablir niais, la surprise passée, l'état qui lui succède d'abord c'est l'attention, c'est-à-dire un monoïdeisme ajusté l'adaptation a eu le temps de se faire. L'élément intellectuel reprend le dessus sur l'élément émotionnel. Il est très vraisemblable que, dans la surprise, c'est parce qu'on sent trop qu'on connaît mal.

Du côté physique, les symptômes sont l'exagération de l'attention spontanée. «L'attention, nous l'avons vu, se manifeste par une légère élévation des sourcils. Quand elle passe à l'état de surprise, ceux-ci s'élèvent beaucoup plus énergiquement; les yeux s'ouvrent largement ainsi que la bouche. Le degré auquel s'ouvrent ces' deux organes correspond à l'intensité de la surprise ressentie» Cette élévation des sourcils est un acte instinctif; car elle se rencontre chez les aveugles-nés elle permet d'ouvrir les yeux très rapidement. Quant à l'ouverture de la bouche, elle permet une inspiration vigoureuse et profonde que nous faisons toujours avant un grand effort.

Nous avons dit que la surprise, c'est l'attention spontanée en grossissement. Je pense que cette affirmation est justifiée. Ce que cet état démontre le mieux, ce sont les causes affectives de l'attention spontanée car il y a une gradation insensible de celle-ci à la surprise, à l'étonnement, à la stupéfaction, finalement à l'effroi et à la terreur, qui sont des états affectifs très intenses.

Ramenés ainsi a notre point de départ, nous pouvons voir maintenant que l'origine de l'attention est très humble et que ses premières formes ont été liées aux conditions les plus impérieuses de la vie animale. L'attention n'a eu d'abord qu'une valeur biologique. L'habitude des psychologues de s'en tenir à l'attention volontaire, et même à ses manifestations supérieures, cachait cette origine.

On peut dire priori que si l'attention a pour cause des états affectifs qui ont pour causes des tendances, besoins, appétits, elle se rattache, en dernière analyse, à ce qu'il y a de plus profond dans l'individu, l'instinct de la conservation. Un examen rapide des faits nous fera mieux voir que la possibilité d'être attentif a été un avantage de premier ordre dans la lutte pour la vie; mais il faut laisser l'homme et descendre plus bas, très bas, dans l'animalité. J'écarte les formes tout à fait rudimentaires de la vie psychique qui prêtent trop aux conjectures et aux divagations. Pour que l'attention puisse naître, il faut au moins quelques sens développés, quelques perceptions nettes et un appareil moteur suffisant. Riccardi, dans le travail cité, trouve la première expression claire de l'attention chez les arthropodes.

Un animal organisé de telle sorte que les impressions du monde extérieur soient toutes équivalentes pour lui et restent sur le même plan dans sa conscience, sans qu'aucune prédomine et entame une adaptation motrice appropriée, serait bien mal armé pour sa conservation. J'écarte le cas extrême où la prédominance et l'adaptation seraient en faveur des impressions nuisibles; car un animal ainsi constitué doit périr, étant un organisme illogique, une contradiction réalisée. Reste le cas ordinaire prédominance des sensations utiles, c'est-à-dire liées à sa nourriture, sa défense, la propagation de son espèce. L'impression d'une proie à saisir, d'un ennemi à éviter et, de loin en loin, d'une femelle à féconder, s'imposent dans la conscience de l'animal avec des mouvements adaptés. L'attention est au service et sous la dépendance du besoin; toujours liée au sens le plus parfait; tactile, visuelle, auditive, olfactive, suivant l'espèce. La voilà dans toute sa simplicité, et c'est ce qui instruit le mieux. Il fallait descendre jusqu'à ces formes rudimentaires pour saisir la raison de sa puissance elle est une condition de la vie, et elle conservera le même caractère dans les formes supérieures où, cessant d'être un facteur d'adaptation au milieu physique, elle deviendra, comme nous le verrons, un facteur d'adaptation au milieu social. Dans toutes les formes de l'attention, de la plus basse à la plus baute, il y a *unité de composition*.

D'ailleurs, même chez les animaux les plus élevés, elle perd son caractère borné et matériel. L'immense majorité des espèces animales est enfermée dans ce cercle étroit se nourrir, se défendre, se propager, dormir, et y épuise son activité. Les plus intelligents ont une activité superflue qui se dépense sous la forme du jeu, manifestation si importante que plusieurs auteurs en ont fait la source de l'art. A ce besoin de luxe correspond une attention de luxe. Le chien que son maître amuse d'une certaine manière devient attentif quand il le voit se préparer, et un bon observateur des enfants, Sikorski, a montré que leur activité et leur attention se développent surtout dans les jeux

Chapitre II
L'attention volontaire

L'attention volontaire ou artificielle est un produit de l'art, de l'éducation, de l'entraînement, du dressage. Elle est greffée sur l'attention spontanée, ou naturelle, et trouve en elle ses conditions d'existence, comme la greffe la tient du tronc où elle a été implantée. Dans l'attention spontanée, l'objet agit par son pouvoir intrinsèque dans l'attention volontaire, le sujet agit par des pouvoirs extrinsèques, c'est-à-dire surajoutés. Ici le but n'est plus donné par le hasard ou les circonstances; il est voulu, choisi, accepté ou du moins subi; il s'agit de s'y adapter, de trouver les moyens propres à maintenir l'attention aussi cet état est-il toujours accompagné d'un sentiment quelconque d'effort. Le maximum d'attention spontanée et le maximum d'attention volontaire sont parfaitement antithétiques, l'une allant dans le sens de la plus forte attraction; l'autre dans le sens de la plus forte résistance. Ce sont les deux pôles entre lesquels il y a tous les degrés possibles, avec un point où, au moins en théorie, les deux formes se rejoignent.

Quoique l'attention volontaire soit à peu près la seule que les psychologues aient étudiée et que pour la plupart d'entre eux elle soit toute l'attention, son mécanisme n'en est pas mieux connu. Pour essayer de l'entrevoir, nous nous proposons de rechercher d'abord comment se forme l'attention volontaire, d'en retracer la genèse; ensuite nous étudierons le sentiment d'effort qui l'accompagne et enfin les phénomènes d'arrêt ou d'inhibition qui, selon nous, jouent un rôle capital dans le mécanisme de l'attention.

I

Le procédé par lequel l'attention volontaire se constitue est réductible à cette unique formule : Rendre attrayant par artifice ce qui ne l'est pas par nature, donner un intérêt artificiel aux choses qui n'ont pas un intérêt naturel. J'emploie le mot « intérêt » au sens vulgaire, comme équivalent à cette périphrase ce qui tient l'esprit en éveil. Mais l'esprit n'est tenu en éveil que par une action agréable, désagréable ou mixte des objets sur lui, c'est-à-dire par des états affectifs. Seulement ici les sentiments qui soutiennent l'attention sont acquis, surajoutés, non spontanés comme dans ses manifestations primitives. Tout se réduit donc à trouver des mobiles efficaces; s'ils font défaut, l'attention volontaire ne se constitue pas. Tel est le procédé pris en général dans la pratique, il se diversifie à l'infini.

Pour bien comprendre la genèse de l'attention volontaire, le mieux est d'étudier les enfants et les animaux supérieurs. Les exemples les plus simples seront les meilleurs.

Durant la première période de sa vie, l'enfant n'est capable que d'attention spontanée. Il ne fixe sa vue que sur des objets brillants, sur la figure de sa mère ou de sa nourrice. Vers la fin du troisième mois, il explore le champ de vision, en arrêtant graduellement ses yeux sur des objets de moins en moins intéressants (Preyer). Il en est de même pour les autres sens; le passage se fait peu à peu de ce qui le touche le plus à ce qui le touche le moins. La fixation du regard, qui plus tard devient attention intense, se traduit extérieurement par la contraction plus accentuée de plusieurs muscles. L'attention est accompagnée d'un certain état affectif que Preyer appelle l' « émotion d'étonnement ». À son plus haut degré, cet état produit l'immobilité temporaire des muscles. Suivant le Dr Sikorski, « l'étonnement ou plutôt l'émotion qui accompagne le processus psychique de l'attention est surtout caractérisée par la suspension momentanée de la respiration, phénomène qui saute aux yeux lorsqu'on est habitué à la respiration accélérée des enfants ». Il est presque impossible de dire à quelle époque a lieu la première apparition de la volonté. Preyer croit l'avoir notée vers le cinquième mois, mais sous sa forme impulsive; comme pouvoir d'arrêt, elle se manifeste bien plus tard.

Tant que la vie psychique en reste ainsi à la période d'essai, l'attention, c'est-à-dire le transfert de l'esprit d'un objet à un autre, n'est déterminée que par leur puissance d'attraction. La naissance de l'attention volontaire, qui est la possibilité de retenir l'esprit sur des objets non attrayants, ne peut se produire que par force, sous l'influence de l'éducation, qu'elle vienne des hommes ou des choses. Celle qui vient des hommes est la plus facile à montrer, mais n'est pas la seule.

Un enfant refuse d'apprendre à lire; il est incapable de tenir son esprit fixé sur des lettres sans attrait pour lui; mais il contemple avec avidité les images contenues dans un livre. « Que représentent ces images? » Le père répond « Quand tu sauras lire, le livre te l'apprendra. » Après plusieurs colloques de ce genre, l'enfant se résigne, se met d'abord mollement à la tâche, puis s'habitue et finalement montre une ardeur qui a besoin d'être modérée. Voilà un cas de genèse de l'attention volontaire. Il a fallu greffer sur un désir naturel et direct un désir artificiel et indirect. La lecture est une opération qui n'a pas d'attrait immédiat, mais elle a un attrait comme moyen, un attrait d'emprunt; cela suffit l'enfant est pris dans un rouage, le premier pas est fait. J'emprunte un autre exemple M. B. Perez « Un enfant de six ans, *fort distrait d'habitude* se mit un jour de lui-même au piano pour répéter un air qui charmait sa mère ses exercices durèrent plus d'une heure. Le même enfant, à l'âge de sept ans, voyant son frère occupé à des devoirs de vacances, alla s'asseoir dans le cabinet du père. « Que faites-vous donc? lui dit sa bonne, qui fut étonnée de le trouver là. Je fais, dit l'enfant, une page d'allemand; ce n'est pas très amusant; mais c'est une agréable surprise que je veux faire à maman.» Encore un cas de genèse d'attention volontaire, greffé cette fois sur un sentiment sympathique, non sur un sentiment égoïste, comme dans le premier exemple. Le piano, l'allemand n'éveillent pas spontanément l'attention; ils la suscitent et la maintiennent par une force d'emprunt.

Partout, à l'origine de l'attention volontaire, on retrouve ce mécanisme toujours le même, avec des variations sans nombre, aboutissant à un succès, à un demi-succès ou à un échec prendre les mobiles naturels, les détourner de leur but direct, s'en servir (si l'on peut) comme moyens pour un autre but. L'art plie la nature à ses desseins, et c'est à ce titre que j'appelle cette forme de l'attention : artificielle.

Sans prétendre énumérer les divers mobiles que l'artifice met en jeu pour faire naître et consolider l'attention volontaire, c'est-à-dire, encore une fois, pour donner au but à atteindre une puissance d'action qu'il n'a pas naturellement je note dans la formation de l'attention volontaire trois périodes chronologiques.

Dans la première, l'éducateur n'a d'action que sur les sentiments simples il use de la crainte sous toutes ses formes, des tendances égoïstes, de l'attrait des récompenses, des émotions tendres et sympathiques, de cette curiosité innée qui est comme l'appétit de l'intelligence et qui se rencontre chez tous à quelque degré, si faible qu'il soit.

Dans la deuxième période, l'attention artificielle est suscitée et maintenue par des sentiments de formation secondaire l'amour-propre, l'émulation, l'ambition, l'intérêt au sens pratique, le devoir, etc.

La troisième période est celle d'organisation l'attention est suscitée et maintenue par l'habitude., L'écolier dans sa salle d'étude, l'ouvrier dans son usine, l'employé dans son bureau, le marchand derrière son comptoir aimeraient mieux le plus souvent être ailleurs; mais l'amour propre, l'ambition, l'intérêt ont créé par répétition un entraînement durable. L'attention acquise est devenue une seconde nature; l'œuvre de l'art est consommée. Le seul fait d'être placé dans une certaine attitude, un certain milieu, entraîne le reste; l'attention se produit et se maintient moins par des causes actuelles que par des causes antérieures accumulées; les mobiles habituels ont pris la force des mobiles naturels. Les réfractaires à l'éducation et à la discipline n'atteignent jamais cette troisième période; chez eux l'attention volontaire se produit rarement, par intermittences, et ne peut devenir une habitude. Il n'est pas nécessaire de montrer longuement que chez les animaux le passage de l'attention spontanée à l'attention volontaire se produit de même sous l'influence de l'éducation, du dressage mais l'éducateur ne dispose que de moyens d'action restreints et de nature simple. Il agit par la peur, la privation d'aliments, la violence, la douceur, les caresses et parvient ainsi à faire contracter des habitudes, à rendre par artifice l'animal attentif. Il y a, comme chez l'homme, des éducables et des réfractaires. « Un éleveur de singes, dit Darwin, qui achetait à la Société zoologique des espèces communes au prix de cinq livres la pièce, en offrait le double, à la condition de pouvoir les garder quelques jours pour faire un choix. Quand on lui demanda comment en si peu de temps il pouvait voir si tel singe serait un bon acteur, il répondit que tout dépendait de leur pouvoir d'attention. Si, pendant que l'on parlait ou expliquait quelque chose à un singe, son attention était aisément distraite, par une mouche sur le mur ou quelque autre bagatelle, le cas était désespéré. Essayait-on par des punitions de faire agir un singe inattentif, l'animal devenait rétif. Au contraire, un singe attentif pouvait toujours être dressé

En résumé, nous n'avons trouvé à la racine de l'attention que des états affectifs, des tendances attractives ou répulsives. Sous la forme spontanée, il n'y a pas d'autres causes. Sous la forme volontaire, de même; mais les sentiments sont de nature plus complexe, de formation tardive, dérivés par l'expérience des tendances primitives. Pendant que l'attention volontaire en est encore à sa période de genèse, avant qu'elle soit organisée, fixée par l'habitude, ôtez a recoller l'amour propre, l'émulation, la crainte d'être puni, enrichissez le commerçant et l'ouvrier, donnez à l'employé une retraite dès les premiers jours de sa carrière, et toute leur attention pour un travail répugnant s'évanouit, parce qu'il n'y a plus rien que la produise et la soutienne. Je conviens que cette genèse de l'attention est fort compliquée, mais elle est conforme aux faits. À en croire la plupart des psychologues, il semble que l'attention volontaire la seule qui compte pour eux, quoiqu'elle ne soit qu'une forme dérivée et acquise s'installe d'emblée. «Elle est soumise à l'autorité supérieure du moi. Je la donne ou la retire comme il me plaît, je la dirige tour à tour vers plusieurs points, je la concentre sur chaque point aussi longtemps que ma volonté peut soutenir sou effort» Si ce n'est pas là une description de convention et de fantaisie, si l'auteur la tire de sa propre expérience, je ne puis que l'admirer. Mais, en vérité, il faut être dénué de tout esprit d'observation ou aveugle par les préjuges, pour ne pas voir que l'attention volontaire, sous sa forme stable, est un état difficile à conserver et que beaucoup n'y parviennent pas. Toutefois, si, comme nous nous sommes efforcé de le démontrer, la forme supérieure de l'attention est l'œuvre de l'éducation que nous avons reçue de nos parents, de nos maîtres, de notre milieu et de celle que nous nous sommes donnée plus tard à nous-mêmes, en imitant celle que nous avons d'abord subie, cette explication ne fait que reculer la difficulté; car nos éducateurs n'ont fait qu'agir sur nous, comme on avait agi sur eux, et ainsi de suite en remontant le cours des générations ceci n'explique donc pas la genèse primordiale dé l'attention volontaire.

Comment donc est-elle née? Elle est née de la nécessité, sous la pression du besoin et avec le progrès de l'intelligence. *Elle est un appareil de perfectionnement et un produit de la civilisation.*

Le même progrès qui, dans l'ordre moral a fait passer l'individu du règne des instincts à celui de l'intérêt ou du devoir; dans l'ordre sociale de la sauvagerie primitive il l'état d'organisation; dans l'ordre politique, de l'individualisme presque absolu à la constitution d'un gouvernement; le même progrès, dans l'ordre intellectuel, a fait passer du règne de l'attention spontanée au règne de l'attention volontaire. Celle-ci est à la fois effet et cause de la civilisation.

Nous avons fait remarquer, dans le précédent chapitre, qu'à l'état de nature, pour l'animal et pour l'homme, la possibilité d'attention spontanée est un facteur de premier ordre dans la lutte pour la vie. Dès que, par des causes quelconques qui se sont produites en réalité, puisque l'homme est sorti de la sauvagerie (disette de gibier, densité de la population, sol ingrat, peuplades voisines mieux aguerries, etc.), il a fallu ou périr ou s'adapter a des conditions de vie plus complexes, c'est-à-dire travailler, l'attention volontaire est devenue, elle aussi, un facteur de premier ordre dans cette nouvelle forme de la lutte pour la vie. Dès que l'homme a été capable de s'appliquer à une besogne sans attrait immédiat, mais acceptée comme moyen de vie, l'attention volontaire a fait son apparition dans le monde. Elle est donc née sous la pression de la nécessité et de l'éducation que donnent les choses. Il est facile d'établir qu'avant la civilisation, l'attention volontaire n'existait pas ou n'apparaissait que par éclairs, pour ne pas durer. La paresse .des sauvages est connue voyageurs, ethnologistes, tous sont unanimes sur ce point; il y en a tant de preuves et d'exemples qu'il est inutile d'en citer. Le sauvage est passionné pour la chasse, la guerre, le jeu; pour l'imprévu, l'inconnu, le hasard sous toutes ses formes; mais le travail soutenu, il l'ignore ou le méprise. L'amour du travail est un sentiment de formation secondaire qui va de pair avec la civilisation. Or, qu'on le remarque, le travail est la forme concrète, la plus saisissable, de l'attention. Même aux peuplades demi-civilisées le travail continu répugne. Darwin demandait à des Gauchos adonnés à la boisson, au jeu ou au vol, pourquoi ils ne travaillaient pas. L'un d'eux répondit « Les jours sont trop longs » « La vie de l'homme primitif, dit Herbert Spencer est consacrée presque entière à la poursuite des bêtes, des oiseaux, des poissons, qui lui procure une excitation agréable; mais, bien que la chasse procure du plaisir à l'homme civilisé, il n'est ni si persistant ni si général. Au contraire, le pouvoir d'appliquer d'une manière continue son attention, qui est très faible chez l'homme primitif est devenue chez nous très considérable. Il est vrai que le plus grand nombre est forcé de travailler par la nécessité; mais il y a çà et là dans la société des hommes pour lesquels une occupation active est un besoin, qui sont inquiets quand ils n'ont rien à faire, malheureux si par hasard ils doivent renoncer au travail des hommes pour lesquels tel sujet d'investigation est si plein d'attrait qu'ils s'y adonnent des jours et des années, presque sans prendre le repos nécessaire à leur santé. »

Comme pour vivre, même en sauvage, il faut faire quelquefois un travail ennuyeux, on sait que cette charge incombe aux femmes, qui, pendant que l'homme dort, peinent par crainte des coups. Il est donc possible, quoique cela semble d'abord un paradoxe, que ce soit par les femmes que l'attention volontaire ait fait son entrée dans le monde.

Il existe, chez les peuples même qui ont de longs siècles de culture, toute une catégorie d'êtres incapables de travail soutenu les vagabonds, les voleurs de profession, les prostituées. Les criminalistes italiens de la nouvelle école y voient, à tort ou à raison, des cas d'atavisme. La grande majorité des gens civilisés s'est adaptée d'une manière suffisante aux exigences de la vie sociale ils sont capables quelque degré d'attention volontaire. Mais bien petit est le nombre de ceux dont parle Spencer, pour qui elle est un besoin bien rares sont ceux qui professent et pratiquent le *stantem oportet mori*. L'attention volontaire est un phénomène sociologique. Quand on la considère comme telle, on en comprend mieux la genèse et la débilite.

Nous croyons avoir établi qu'elle est une adaptation aux conditions d'une vie sociale supérieure, qu'elle est une discipline et une habitude, une imitation de l'attention naturelle, qui lui sert à l& fois de point de départ et de point d'appui.

II

Jusqu'ici nous n'avons examiné dans le mécanisme de l'attention que cette pression extérieure des motifs et du milieu qui la fait passer d'une forme à une autre. Nous abordons maintenant une question bien plus obscure c'est l'étude du mécanisme intérieur par lequel un état de conscience est maintenu péniblement malgré le *struggle for life* psychologique qui tend sans cesse à le faire disparaître. Ce monoïdéisme relatif qui consiste dans la prépondérance d'un certain nombre d'états intérieurs adaptés à un même but, excluant, tous les autres, n'a pas besoin d'être expliqué dans le cas de l'attention spontanée. Un état (ou un groupe d'états) prédomine dans la conscience parce qu'il est de beaucoup le plus fort; et il est de beaucoup le plus fort parce que, comme nous l'avons vu, toutes les tendances de l'individu conspirent pour lui. Dans le cas de l'attention volontaire, surtout sous ses formes les plus artificielles, c'est le contraire. Quel est donc le mécanisme par lequel cet état se maintient? Il n'importe pas de rechercher comment l'état d'attention volontaire est suscité dans la vie courante. Il naît, comme tout autre état de conscience, au gré des circonstances mais ce qui l'en distingue, c'est qu'il est maintenu. Si un écolier, ayant peu de goût pour les mathématiques, se rappelle qu'il a un problème à résoudre, c'est un état de conscience quelconque; s'il se met à l'œuvre et persiste, c'est un état d'attention volontaire. Je le répète pour ne laisser aucune équivoque c'est dans cette possibilité de l'arrêt qu'est tout le problème. Comment pouvons-nous produire un arrêt, une inhibition? Nous entrons ici dans une question bien peu connue en physiologie et presque inexplorée en psychologie. Que nous ayons le pouvoir, dans beaucoup de cas, d'arrêter les mouvements de diverses parties de notre corps, c'est ce que l'expérience prouve à chaque instant. Mais comment se produit l'équivalent de cette inhibition dans l'ordre mental? Si le mécanisme physiologique de l'arrêt était mieux connu, nous pourrions probablement répondre moins obscurément. Nous prions donc le lecteur de considérer ce qui va suivre comme un essai plein de lacunes.

La propriété fondamentale du système nerveux consiste à transformer une excitation primitive en. un mouvement. C'est l'acte réflexe, type de l'activité nerveuse. Mais on sait aussi que certaines excitations peuvent empêcher, ralentir ou supprimer un mouvement. Le cas le plus connu, le plus anciennement étudié, consiste dans la suspension des mouvements du cœur par l'irritation du pneumogastrique. Depuis cette découverte, due aux frères Weber en 1845, les physiologistes ont mis une grande ardeur à étudier les cas où l'excitation d'un nerf empêche un mouvement ou une sécrétion. Pfluger montra que le nerf splanchnique a une action d'arrêt sur l'intestin grêle. On a établi depuis que les mouvements de l'estomac et du tube intestinal tout entier sont sujets à l'inhibition. Claude Bernard a rapporté à la même cause l'action des nerfs vaso-dilatateurs. – Enfin, ce pouvoir d'arrêt n'appartient pas seulement à la moelle et au bulbe; il existe dans le cerveau. Setschenof soutint d'abord que le cerveau moyen (la couche optique) exerce une influence inhibitoire sur les parties inférieures de l'axe cérébrospinal. Beaucoup d'auteurs, dans ces derniers temps, ont rapporté les phénomènes hypnotiques à une inhibition corticale. Enfin, d'après Brown-Séquard, « l'inhibition est un pouvoir possédé par presque toutes les parties du système nerveux central et une portion considérable du système nerveux périphérique ». Pour expliquer ce « réflexe négatif », on a imaginé diverses théories qu'il est inutile d'exposer Notons pourtant que Ferrier, le premier, dans ses Fonctions du cerveau, a rapporté l'attention à une action des centres modérateurs, qu'il place dans les lobes frontaux. Le rappel d'une idée, dit-il, dépend de l'excitation de l'élément moteur qui entre dans sa composition l'attention dépend de la restriction du mouvement il y a répression de la diffusion extérieure et augmentation de la diffusion intérieure. L'excitation des centres moteurs, protégée contre la diffusion externe, dépense sa force intérieurement il y a excitation réprimée d'un centre moteur. Pour localiser ces centres modérateurs dans les lobes frontaux, voici les principales raisons qu'il fait valoir : L'intelligence est proportionnelle au développement de l'attention; elle est proportionnelle aussi au développement des lobes frontaux. L'irritation de ces lobes ne provoque aucune manifestation motrice; ils sont donc modérateurs et dépensent leur énergie à produire des changements dans les centres d'exécution motrice actuelle. Leur ablation ne cause aucune paralysie motrice, mais une dégénérescence mentale qui se réduit à la perte de l'attention. Les lobes frontaux sont imparfaitement développes chez les idiots dont le pouvoir d'attention est très faible. Les régions frontales deviennent de plus en plus faibles chez les animaux, en même temps que le niveau de l'intelligence s'abaisse. Ajoutons que les lésions des lobes frontaux diminuent beaucoup et abolissent souvent le pouvoir de contrôle L'auteur déclare d'ailleurs que, « sur le fondement physiologique de cette faculté de contrôle, on ne peut admettre que des vues théoriques ».

Quoique la théorie, que les phénomènes d'arrêt se passent dans des appareils particuliers, soit devenue à peu près classique; dans ces derniers temps, plusieurs auteurs, en s'appuyant sur leurs expériences, ont soutenu que « les actions motrices et les actions d'arrêt ont pour siège les mêmes éléments ». «Toutes les fois qu'on excite un nerf, dit M. Beaunis, il se produit dans ce nerf deux sortes de modifications de sens contraire. Soit un nerf moteur il y aura dans ce nerf une mise en activité qui se traduira par une secousse du muscle; mais outre ce phénomène, le plus apparent et le mieux étudié, il se produit aussi un état contraire qui tendra à enrayer la secousse ou à l'empêcher de se produire. Il y aura à fois dans ce nerf des actions motrices et des actions d'arrêt. » (Ouv. cité, 97.) Le processus moteur débute plus vite que le processus d'arrêt et dure moins longtemps. Une première excitation cause une secousse maxima; mais à la deuxième excitation l'action d'arrêt, tendant à se produire, diminue l'amplitude. Dans une expérience de Wundt, « quand on excite un nerf par un courant constant, il se produit à l'anode une onde d'arrêt qui se reconnaît à la diminution d'excitabilité du nerf et qui se propage lentement des deux côtés de l'anode en même temps se produit à la cathode une onde d'excitation qui se propage des deux côtés de la cathode avec une vitesse et une intensité plus grandes. Un nerf excité se trouve donc parcouru à la fois par une onde d'arrêt et une onde d'excitation, et son excitabilité n'est que la résultante algébrique de ces deux actions contraires. »

Dans cette hypothèse, toute excitation déterminerait donc dans la substance nerveuse deux modifications, l'une positive, l'autre négative, une tendance à l'activité d'une part, une tendance à l'arrêt de cette activité d'autre part; l'effet final n'est que la résultante de ces actions contraires, en sorte que tantôt l'impulsion, tantôt l'arrêt prédomine.

Nous venons d'exposer très sommairement à peu près tout ce que la physiologie nous apprend sur le mécanisme de l'inhibition nous aurons l'occasion d'en profiter. Revenons à l'étude psychologique.

Le pouvoir d'arrêt volontaire, quel que soit son *modus operandi* est une formation secondaire il apparaît relativement tard, comme toutes les manifestations d'ordre supérieur. La volition sous sa forme positive, impulsive, la volition qui produit quelque chose, est la première dans l'ordre chronologique. La volition sous sa forme négative, qui empêche quelque chose, apparaît plus tard; d'après Preyer vers le dixième mois, sous la forme très humble de l'arrêt des évacuations naturelles.

Mais comment produisons-nous un arrêt? Nous ne pouvons répondre à cette question d'une manière satisfaisante. Toutefois, il faut remarquer qu'à cet égard notre position est exactement la même qu'en face de la question contraire Comment produisons-nous un mouvement ? Dans la volition positive, le « Je veux » est ordinairement suivi d'un mouvement;

c'est-à-dire qu'il y a d'abord la mise en activité dans le cerveau des images motrices ou résidus moteurs approprias, transmission de l'influx nerveux à travers la couronne rayonnante aux corps striés, à la couche inférieure du pédoncule cérébral, au bulbe, puis, après croisement, à la moelle épinière, aux nerfs et finalement aux muscles. Dans la volition négative, le «Je veux» est ordinairement suivi d'un arrêt les conditions anatomiques et physiologiques de la transmission sont moins bien connues; dans l'hypothèse exposée ci-dessus, elles ne seraient guère différentes du cas précédent. Mais, dans l'un et l'autre cas, la conscience ne connaît directement que deux choses le départ et l'arrivée; le « Je veux » et l'acte produit ou empoché. Tous les états intermédiaires lui échappent et elle ne les connaît que de science acquise et indirectement. Ainsi fixés sur la somme de nos connaissances actuelles, nous devons nous borner à constater à titre de fait que, de même que nous avons le pouvoir de commencer, continuer et augmenter un mouvement, nous avons le pouvoir do supprimer, interrompre et diminuer un mouvement.

Ces considérations générales nous conduisent du moins à un résultat positif c'est que tout acte de volition, impulsif ou inhibitoire, n'agit que sur des muscles ; que toute autre conception est vague, insaisissable, chimérique; que, par conséquent, si le mécanisme de l'attention est moteur, comme nous le soutenons, il faut que dans tous les cas d'attention il y ait en jeu des éléments musculaires, des mouvements réels ou à Fêtât naissant sur lesquels agit le pouvoir d'arrêt. Nous n'avons d'action (impulsive ou inhibitoire) que sur les muscles volontaires; c'est là notre seule conception positive de la volonté. Il faut donc de deux choses l'une ou bien trouver des éléments musculaires dans toutes les manifestations de l'attention volontaire, ou bien renoncer à toute explication de son mécanisme et nous borner à dire qu'elle est. L'attention s'applique volontairement à des perceptions, des images ou des idées; ou, pour parler plus exactement et pour éviter toute métaphore, l'état de monoïdéisme peut être maintenu volontairement pour un groupe de perceptions, d'images ou d'idées, adaptées a un but pose d'avance. Nous avons à déterminer les éléments moteurs qui se rencontrent dans ces trois cas.

1° En ce qui concerne les perceptions, il n'y a pas de difficultés. Tous nos organes de perception sont à la fois sensoriels et moteurs. Pour percevoir avec nos yeux, nos oreilles, nos mains, nos pieds, notre langue, nos narines, il faut des mouvements. Plus les parties de notre corps sont mobiles, plus leur sensibilité est exquise; plus leur motilité est pauvre, plus leur sensibilité est obtuse. Ce n'est pas tout; sans éléments moteurs la perception est impossible. Rappelons, comme nous l'avons dit précédemment, que si l'on tient l'œil immobile fixé sur un objet, à bref délai la perception devient confuse, puis s'évanouit. Appliquez sans pression la pulpe du doigt sur une table, au bout de quelques minutes le contact n'est plus senti. Un mouvement de l'œil on du doigt, si léger qu'il soit, ressuscite la perception. La conscience n'est possible que par te changement; le changement n'est possible que par le mouvement. On pourrait s'étendre longuement sur ce sujet; car, quoique les faits soient de toute évidence et d'une expérience banale, la psychologie a tellement néglige le rôle des mouvements qu'on finit par oublier qu'ils sont une condition fondamentale de la connaissance, parce qu'ils sont l'instrument de la loi fondamentale de la conscience, qui est la relativité, le changement. Nous en avons dit assez pour justifier cette formule absolue : Point de mouvements, point de perception.

Le rôle des mouvements dans l'attention sensorielle ne peut faire aucun doute. L'horloger qui étudie minutieusement les rouages d'une montre, adapte ses yeux, ses mains, son corps; tous les autres mouvements sont supprimes. Dans les expériences de laboratoire faites pour étudier l'attention volontaire, cet état de concentration par arrêt des mouvements atteint souvent un degré extraordinaire nous en parlerons plus loin. Rappelons les observations de Galton, rapportées dans le précédent chapitre, sur les mouvements qui se produisent dans un auditoire fatigue. Attention signifie donc concentration et inhibition des mouvements. Distraction signifie diffusion des mouvements.

L'attention volontaire peut agir aussi sur l'expression des émotions, si nous avons de fortes raisons de ne pas traduire un sentiment au dehors et un pouvoir d'arrêt suffisant pour l'empêcher; mais elle n'agit que sur les muscles, sur eux seuls, tout le reste lui échappe.

Jusqu'ici nous n'avons pris la question que par son côté le plus facile. Nous arrivons maintenant à cette forme tout intérieure qu'on appelle la réflexion. Elle a pour matière des images ou des idées. Il nous faut donc trouver dans ces deux groupes d'états psychiques des éléments moteurs.

2° « Il ne semble pas évident à première vue, écrivait Bain des 1855, que la rétention d'une idée [image] dans l'esprit soit l'œuvre des muscles volontaires. Quels sont les mouvements qui se produisent lorsque je me représente un cercle ou que je pense à l'église Saint-Paul? On ne peut répondre à cette question qu'en supposant que l'image mentale occupe dans le cerveau et les autres parties du système nerveux la même place que la sensation originelle. Comme il y a un élément musculaire dans nos sensations, spécialement dans celle de l'ordre le plus élevé, toucher, vue, ouïe, cet élément doit, d'une façon ou d'une autre, trouver sa place dans la sensation idéale, dans le souvenir.» Depuis cette époque, la question de la nature des images a été étudiée sérieusement et avec fruit, et résolue dans le même sens Tandis que, pour la plupart des anciens psychologues, l'image était une sorte de fantôme sans siège détermine, existant dans l'âme différant de la perception non en degré, mais en nature, lui ressemblant « tout au plus comme un portrait ressemble à l'original »; pour la psychologie physiologique, entre la perception et l'image, il y a identité de nature, identité de siège et seulement différence de degré. L'image n'est pas une photographie, mais une reviviscence des éléments sensoriels et moteurs qui ont constitue la perception. À mesure que son intensité augmente, elle se rapproche de son point de départ et tend à devenir une hallucination.

Pour nous en tenir aux éléments moteurs de l'image qui seuls nous intéressent il est clair que, puisqu'il n'y a pas de perceptions sans mouvements, ceux-ci laissent dans le cerveau, après qu'ils ont été produits, des résidus moteurs (images motrices, intuitions motrices), tout comme les impressions de !a rétine ou de la peau laissent des impressions sensorielles. Si l'appareil moteur n'avait, pas sa mémoire, ses images ou résidus, aucun mouvement ne pourrait s'apprendre et devenir habituel tout serait toujours à recommencer. D'ailleurs, il n'est pas nécessaire d'avoir recours au raisonnement. Des miniers d'expériences prouvent que le mouvement est inhérent a l'image, contenu en elle. La célèbre expérience du pendule de Chevreul peut en être considérée comme le type. Est-il nécessaire d'en citer d'autres? les gens qui se précipitent dans un gouffre par la peur d'y tomber, qui se coupent avec leur rasoir de peur de se couper, et la a lecture des pensées qui n'est qu'une « lecture » d'états musculaires, et tant d'autres faits réputés extraordinaires, simplement parce que le public ignore ce fait psychologique élémentaire, que toute image contient une tendance au mouvement. Certes, l'élément moteur n'a pas toujours ces proportions énormes, mais il existe au moins a l'état naissant; connue l'image sensorielle n'a pas toujours la vivacité hallucinatoire, mais est simplement esquissée dans la conscience.

3° S'il est aisé d'établir l'existence d'éléments moteurs dans les images, la question des idées générales ou concepts est plus difficile. Il faut reconnaître que la psychologie physiologique beaucoup néglige l'idéologie et que celle-ci aurait besoin d'être reprise avec les données actuelles de l'expérience l'étude des perceptions et des images a prépare la voie. Je n'ai pas l'intention de traiter ici, en épisode, une si grosse question. Je propose seulement, à titre d'orientation, de repartir les idées générales en trois grandes catégories :

Celles qui résultent de la fusion d'images semblables sans l'aide du mot;

Celles qui résultent de la fusion d'images dissemblables avec l'aide du mot;

Celles qui se réduisent au mot, accompagné d'un schéma vague ou même sans aucune représentation concomitante.

Je laisse de côté les concepts régulateurs (temps, espace, cause) dont l'étude nous entraînerait trop loin. Voyons si chacune de ces trois catégories renferme des éléments moteurs sur lesquels l'attention puisse agir.

a) La première catégorie comprend les idées générales de l'espèce la plus grossière, celles qui se rencontrent chez les animaux supérieurs, les enfants et les sourds-muets avant l'emploi du langage analytique. L'opération de l'esprit se borne à saisir des ressemblances très savantes et à former ainsi des images génériques ; terme qui serait plus exact que celui d'idées générales. Elle paraît très analogue au procédé connu par lequel Galion, en superposant plusieurs photographies, obtient le portrait composite d'une famille, c'est-à-dire l'accumulation des ressemblances et l'élimination des petites différences, mais prétendre, comme on l'a fait, que ce procède explique la formation des idées générales, est une thèse insoutenable il n'en explique que le plus bas degré, ne pouvant agir que sur de grosses ressemblances. Ces images génériques renferment-elles un élément moteur? Il est bien difficile de le dire et, en tout cas, inutile; car ce n'est pas à ce stade de développement de la vie mentale que s'exerce la réflexion volontaire.

b) La deuxième catégorie comprend la plupart des idées générales qui servent à l'usage courant de la pensée. Dans une étude complète du sujet, il y aurait lieu d'établir une hiérarchie ascendante de groupes, allant du moins général au plus général, c'est-à-dire marquant le pouvoir de saisir des ressemblances de plus en plus faibles, des analogies de moins en moins nombreuses. Tous les degrés de cette marche ascendante se rencontrent dans l'histoire de l'humanité : les *Fuégiens* n'ont aucun terme abstrait. Les Indiens d'Amérique ont des termes pour designer le chêne blanc et le chêne noir; ils n'en ont pas pour designer le chêne général. Les Tasmaniens ont un terme pour chaque espèce d'arbre, ils n'en ont pas pour arbre en général; a plus forte raison, pour plante, animal, couleur, etc. Sans insister sur ces différentes phases, qu'avons-nous dans l'esprit, quand nous pensons ces idées générales? D'abord un mot qui est l'élément fixe avec lui, une image de moins en moins complexe, de moins en moins claire, à mesure qu'on monte dans la généralisation. Cette image est un extrait. Elle se forme par un procède que l'esprit emploie même pour se représenter une image individuelle. Qu'on le remarque, en effet, ma représentation de Pierre, de Paul, de mon chien, de tout être ou objet concret parfaitement connu de moi, ne peut être qu'un extrait des perceptions multiples que j'en ai eues et qui me l'ont donne sous différents aspects, Dans la représentation d'une image individuelle, il y a une lutte entre les images antérieures de cet objet qui prévaudra dans la conscience. Dans la conception d'une idée générale, il y a une lutte entre diverses images génériques à qui prévaudra dans la conscience. C'est un extrait de deuxième ou troisième ordre. Il se forme ainsi un noyau commun autour duquel oscille des éléments vagues et obscurs. Ma conception générale d'homme ou de chien, si elle persiste tant soit peu dans ta conscience, tend à prendre une forme concrète; elle devient un blanc ou un noir, nu épagneul ou un bouledogue. L'élément moteur est représenté surtout par le mot; nous y reviendrons. Quant aux images ou extraits d'images, adjoints au mot, il serait bien difficile de dire ce qui reste en eux des mouvements inclus dans les perceptions originelles.

c) Dans la catégorie précédente, à mesure que les idées deviennent plus générales, le rôle des images s'efface peu à peu, le mot devient de plus en plus prépondérant, jusqu'au moment où il demeure seul. Nous avons donc cette marche progressive images génériques sans mot, images génériques avec mot, mot sans images. À ce dernier degré, nous trouvons tes concepts purement scientifiques. Le mot existe-t-il seul dans l'esprit à cette période suprême de l'abstraction? J'adopte l'affirmative sans hésiter. Je ne puis entrer dans des détails qui me feraient sortir de mon sujet; je me bornerai faire remarquer que, s'il n'y a rien actuellement sous le mot, il y a, il doit y avoir un savoir potentiel, la possibilité d'une connaissance. «Dans la pensée actuelle, dit Leibniz, nous avons coutume d'omettre l'explication des signes au moyen de ce qu'ils signifient, sachant ou croyant que nous avons cette explication en notre pouvoir; mais cette application ou explication des mots, nous ne la jugeons pas nécessaire actuellement... J'appelle cette manière de raisonner aveugle ou symbolique. Nous l'employons en algèbre, en arithmétique et, en fait, universellement.» L'apprentissage de la numération chez les enfants, mieux encore chez les sauvages, montre bien comment le mot d'abord accolé aux objets, puis aux images, s'en détache progressivement pour vivre d'une vie indépendante. Finalement, il ressemble à la monnaie fiduciaire (billets de banque, chèque, etc.), offrant la même utilité et les mêmes dangers. Ici, l'élément moteur ne peut se trouver que dans le mot. Les récentes recherches auxquelles il a été fait allusion plus haut ont montré que le mot n'existe pas sous la même forme chez tous les individus. Pour les uns, il consiste surtout en états articulatoires. Stricker, dans son livre sur *la parole et la musique,* en a décrit, d'après sa propre expérience, un type parfait ce sont les moteurs par excellence. Pour d'autres, il consiste surtout en images auditives; c'est une *parole intérieure* très bien décrite par V. Egger. D'autres, beaucoup plus rares, pensent à l'aide de mots lus ou écrits.

Ce sont les visuels. Chez la plupart des hommes, tous ces éléments agissent à doses inégales. Mais partout et toujours le mot prononcé a haute voix, le signe purement intérieur, s'appuie sur quelque forme de perception primitive et par conséquent t'enferme des déments moteurs. Que les éléments moteurs inclus dans les idées générées de toute catégorie soient souvent très faibles, on n'en peut douter. Ceci s'accorde d'ailleurs avec ce fait d'expérience que la réflexion abstraite est impossible pour beaucoup de gens, difficile et fatigante pour presque tout le monde. Nous avons insisté longuement sur cette partie de notre sujet, parce qu'eue est la moins explorée, la plus malaisée, la plus exposée aux critiques.

Mais plus d'un lecteur dira : « Nous admettons qu'il y a des cléments moteurs dans les perceptions, les images et, a plus faible degré, dans les concepts. Toutefois, cela n'établit pas que l'attention agit sur eux, et par eux, qu'elle est un mécanisme moteur. » Assurément, il n'y a sur ce point aucune observation ou expérience qui soit décisive. L'expérience cruciale consisterait à voir si un homme privé de toute motilité externe interne, et d'elle seulement, serait encore capable d'attention. Elle est irréalisable. Dans les cas morbides que nous étudierons plus tard, il n'y a rien qui en approche. Notons cependant en passant qu'il est impossible de réfléchir en courant à toutes jambes, même quand on court sans autre motif que de courir; en faisant une ascension raide, même quand il n'y a aucun danger et qu'on ne regarde pas le paysage. Une foule d'exemples démontrent que, entre une grande dépense de mouvements et l'état d'attention, il y a antagonisme. En vérité, des gens réfléchissent en marchant à grands pas et en gesticulant; mais il s'agit d'un travail d'invention plutôt que de concentration, et l'excès de force nerveuse se décharge par diverses voies. En définitive, il est évident que l'attention est un arrêt; et cet arrêt ne peut se produire que par un mécanisme physiologique qui empêche la dépense de mouvements réels dans l'attention sensorielle, de mouvements à l'état naissant dans la réflexion car le mouvement produit, c'est la restitution au dehors, c'est l'évanouissement de l'état de conscience, la force nerveuse qui le produit se transformant en impulsion motrice. « La pensée, dit Setschenof, est un réflexe réduit à ses deux premiers tiers ». A. Bain dit, plus élégamment, que « Penser, c'est se retenir de parler ou d'agir ».

Pour conclure, voyons ce qu'il faut entendre par l'expression courante «diriger volontairement son attention sur un objet », et ce qui se passe en pareil cas.

«Ce qui a lieu dans ce cas, dit excellemment Maudsley, n'est autre chose que l'excitation de certains courants nerveux d'idéation et leur maintien en activité, jusqu'à ce qu'ils aient amené à ht conscience par l'irradiation de leur énergie toutes les idées associées ou au moins un aussi grand nombre d'idées qu'il est possible d'en mettre en activité dans l'état momentané du cerveau... Il paraît donc que la force que nous appelons attention est plutôt une *vis à fronte* qui attire la conscience qu'une *vis à tergo* qui la pousse. La conscience est le résultat non la cause de l'excitation. Le langage psychologique à la mode renverse cette proposition et met, comme on dit vulgairement, la charrue devant les bœufs; car, dans la réflexion, il ne s'agit pas comme on l'admet habituellement, de diriger la conscience ou l'attention sur l'idée, mais de donner à l'idée une intensité suffisante pour qu'elle s'impose à la conscience »

Toutefois, il reste encore un point équivoque. Si l'on admet que le mécanisme général de l'attention est moteur et, pour le cas particulier de l'attention volontaire, qu'il consiste surtout en action d'arrêt, on doit se demander comment s'opère cet arrêt et sur quoi il agit. C'est la une question si obscure, qu'on ne peut guère que se borner à la poser; mais il vaut encore mieux essayer une réponse, même conjecturale, que de paraître éluder la difficulté.

Il ne sera peut-être pas sans profit de chercher des éclaircissements dans un ordre de phénomènes analogues, mais plus simples.

Les mouvements réflexes, soit les réflexes proprement dits, naturels, innés, soit les réflexes acquis, secondaires, fixés par la répétition et l'habitude, se produisent sans choix, sans hésitation, sans effort, et peuvent durer longtemps sans fatigue. Ils ne mettent en jeu dans l'organisme que les éléments nécessaires à leur exécution, et leur adaptation est parfaite. Ils sont, dans l'ordre strictement moteur, les équivalents de l'attention spontanée, qui est aussi un réflexe intellectuel et ne suppose ni choix, ni hésitation, ni effort et peut durer longtemps sans fatigue.

Mais il y a d'autres catégories de mouvements plus complexes, artificiels, dont on peut donner comme exemples l'écriture, la danse, l'escrime, tous les exercices du corps, les professions mécaniques. Ici l'adaptation n'est plus naturelle, elle doit être acquise péniblement. Elle exige un choix, des tâtonnements, de l'effort, et au début s'accompagne de fatigue. L'observation journalière montre qu'il se produit tout d'abord un grand nombre de mouvements inutiles : l'enfant qui apprend à écrire fait mouvoir son bras, ses yeux, sa tête, quelquefois une partie de son corps. Le but à atteindre, c'est d'empêcher cette diffusion et, par des associations et dissociations appropriées, de produire le *maximum* de travail utile avec le *minimum* d'effort. La raison de ce fait, c'est qu'il n'y a pas de mouvements isolés et qu'un muscle qui se contracte agit sur ses voisins et souvent sur beaucoup d'autres. On y parvient par essais répètes, par un hasard heureux les gens adroits rapidement, les maladroits lentement ou même jamais. Mais le mécanisme est toujours le même; il consiste à renforcer certains mouvements, les coordonner en groupes simultanés ou en série et à supprimer les autres, à les arrêter

L'attention volontaire ou artificielle procède de même. Quand on se prépare à entrer dans cet état pénible, on voit les états de conscience surgir par groupes ou par séries, car il n'y a pas plus d'états de conscience isolés que de mouvements isolés. Parmi eux, beaucoup ne servent pas au but principal ou en détournent. Ici aussi il y a les états de conscience inutiles ou nuisibles à supprimer, si on le peut. Une bonne partie de notre tache consiste dans ce travail négatif par lequel les intrus sont expulses de la conscience ou réduits à leur moindre intensité. Comment y parvient-on, quand on y parvient? Il faut ou bien renoncer à toute explication ou bien admettre une action d'arrêt exercée sur les éléments moteurs de ces états de conscience. Nous avons, en pareil cas, le sentiment très net d'un effort soutenu. D'où viendrait-il, sinon de l'énergie dépensée pour produire les actions d'arrêt? car le cours ordinaire de la pensée, livrée à elle-même, en est exempt. Si l'on objecte qu'a ce compte le mécanisme fondamental de l'attention volontaire reste caché, nous rappellerons que le mécanisme fondamental de toute volition reste cache. Il n'entre dans la conscience que les deux termes extrêmes, le commencement et la fin, tout le reste se passe dans le domaine physiologique, qu'il s'agisse de faire ou d'empêcher, de produire un mouvement ou un arrêt.

L'attention est un état momentané, provisoire, de l'esprit; ce n'est pas un pouvoir permanent comme la sensibilité ou la mémoire. C'est une forme (la tendance au monoïdéisme) qui s'impose à une matière (le cours ordinaire des états de conscience); son point de départ est dans le hasard des circonstances (attention spontanée) ou dans ta position d'un but détermine d'avance (attention volontaire). Dans les deux cas, il faut que des états affectifs, des tendances soient éveillées. Là est la *direction* primitive. Si elles manquent, tout avorte : si elles sont vacillantes, l'attention est instable; si elles ne durent pas, l'attention s'évanouit. Un état de conscience étant ainsi devenu prépondérant, le mécanisme de l'association entre en jeu suivant sa forme multiple. Le travail de *direction* consiste à choisir les états appropries, à les maintenir (par inhibition) dans la conscience en sorte qu'ils puissent proliférer à leur tour, et ainsi de suite par une série de choix, d'arrêts et de renforcements. L'attention ne peut rien de plus; elle ne crée rien, et si le cerveau est infécond, si les associations sont pauvres, elle fonctionne vainement. Diriger volontairement son attention est un travail impossible pour beaucoup de gens, aléatoire pour tous.

III

Chacun sait par expérience que l'attention volontaire est toujours accompagnée d'un sentiment d'effort qui est en raison directe de la durée de l'attention et de la difficulté à la maintenir. D'où vient ce sentiment d'effort et quelle en est la signification?

L'effort attentionnel est un cas particulier de l'effort en général dont la manifestation la plus commune et la plus connue est celle qui accompagne le travail musculaire. Trois opinions ont été (mises sur l'origine de ce sentiment il est d'origine centrale il est antérieur au mouvement ou au moins simultané; il va du dedans au dehors; est centrifuge, efférent, il est un sentiment d'énergie déployée; il ne résulte pas, comme dans la sensation proprement dite, d'une influence extérieure transmise par les nerfs centripètes (A. Bain).

Il est d'origine périphérique il est postérieur aux mouvements produits; il va du dehors au dedans il est ancrent; il est le sentiment de l'énergie qui a été déployée; il est, comme toute autre sensation, transmis de la périphérie du corps au cerveau par les nerfs centripètes (Charlton Bastian, Ferrier, W. James, etc.).

Il est à la fois central et périphérique il y a un sentiment de la force exercée ou sentiment d'innervation et il y a aussi un sentiment du mouvement effectué; il est d'abord centrifuge, ensuite centripète (Wundt). Cette théorie mixte paraît aussi cette de J. Müller, l'un des premiers qui aient étudie la question.

La deuxième thèse, qui est !a plus récente, paraît la plus solide. Elle a été exposée avec beaucoup de soin par M. W. James dans sa monographie *The feeling of effort* (1880), et la thèse du sentiment d'énergie déployée, antérieur au mouvement, y a été critiquée avec une grande pénétration. L'auteur, discutant les faits les uns après les autres, a montré que, dans les cas de paralysie d'une partie du corps ou d'un œil, si le malade a le sentiment d'une énergie déployée, quoique le membre reste immobile (ce qui paraît justifier lit thèse d'un sentiment d'innervation centrale, antérieur au mouvement), c'est qu'il y a, en réalité un mouvement produit dans l'autre partie du corps, dans le membre correspondant ou dans l'œil qui n'est pas paralysé. Il en conclut que ce sentiment est un état afférent complexe qui vient de la contraction des muscles, de l'extension des tendons, des ligaments et de la peau, des articulations comprimées, de la poitrine fixée, de la glotte fermée, du sourcil froncé, des mâchoires serrées, etc...; qu'il est en un mot, comme toute sensation, d'origine périphérique. Même pour ceux qui ne consentiraient pas à admettre cette thèse pour définitive, il est certain qu'elle explique les faits d'une manière bien plus satisfaisante, bien plus conforme aux lois générales de la physiologie que l'hypothèse qui lie ce sentiment à la décharge nerveuse motrice, l'appareil moteur étant insensible dans la direction centripète.

Maintenant examinons le cas particulier de l'effort attentionnel. Les anciens psychologues se sont bornés à en constater l'existence; ils ne l'expliquent pas. Ils n'en parlent qu'en termes vagues ou mystérieux, comme d'un « état de l'âme » et d'une manifestation hyperorganique. Ils y voient « une action de l'âme sur le cerveau pour le mettre en jeu ». Il me semble que Fechner est le premier (1860) qui ait essayé une localisation précise des diverses formes de l'attention, en les rapportant a des parties déterminées de l'organisme. À ce titre, les passages suivants me semblent valoir la peine d'être signales comme tentative d'explication :

« Le sentiment d'effort de l'attention dans les divers organes sensoriels ne me paraît être qu'un sentiment musculaire (*muskelgefühl*) produit en mettant en mouvement, par une sorte d'action réflexe, les muscles qui sont en rapport avec les différents organes sensoriels. On demandera alors : à quelle contraction musculaire le sentiment d'effort attentionnel peut-il être lié, quand nous nous efforçons de nous rappeler quelque chose? Mon sens intérieur me donne sur ce point une réponse nette. J'éprouve une sensation très distincte de tension, non dans l'intérieur du crâne, mais comme une tension et une contraction de la peau de la tête et une pression de dehors en dedans sur tout le crâne, causée évidemment par une contraction des muscles de la peau de la tête ce qui s'accorde parfaitement avec les expressions se casser la tête, rassembler sa tête. Dans une maladie que j'ai eue autrefois, durant laquelle je ne pouvais endurer le plus léger effort de pensée continue (et à cette époque je n'étais déterminé par aucune théorie), les muscles de la peau, en particulier ceux de l'occiput, avaient un degré très net de sensibilité morbide, chaque fois que j'essayais de réfléchir. »

Dans le passage suivant, Fechner décrit ce sentiment d'effort, d'abord dans l'attention sensorielle, ensuite dans la réflexion :

« Si nous transportons notre attention du domaine d'un sens à un autre, nous éprouvons aussitôt un sentiment déterminé de changement de direction sentiment difficile à décrire, mais que chacun peut reproduire par expérience. Nous désignons ce changement comme une tension diversement localisée.

« Nous sentons une tension dirigée en avant dans les yeux, dirigée de côté dans les oreilles et variant avec le degré de l'attention, suivant que nous regardons attentivement ou que nous écoutons attentivement quelque chose : c'est pourquoi on parle de l'effort de l'attention. On sent très clairement la différence quand on change rapidement la direction de l'attention de l'œil à l'oreille. De même le sentiment se localise diversement suivant que nous voulons flairer, déguster, toucher avec soin.

« Lorsque je veux me représenter le plus clairement possible un souvenir ou une image, j'éprouve un sentiment de tension tout à fait analogue à celui de la vision ou de l'audition attentive. Ce sentiment tout à fait analogue est localise d'une manière toute différente. Tandis que, dans la vision attentive des objets réels aussi bien que des images consécutives, la tension est sentie par devant, et qu'en appliquant l'attention aux autres domaines sensoriels, il n'y a que la direction vers les organes extérieurs qui change, le reste de la tête ne donnant aucun sentiment de tension dans le cas des souvenirs et des images, j'ai la conscience que la tension se retire tout a fait des organes extérieurs des sens et qu'elle paraît plutôt occuper la partie de la tête que le cerveau remplit. Si je veux, par exemple, me représenter vivement un objet ou une personne, ils semblent se produire pour moi d'autant plus vifs que je tends mon attention, non par devant, mais, pour ainsi dire, par derrière. »

Depuis l'époque où a paru l'ouvrage de Fechner, les recherches déjà mentionnées de Duchenne, de Darwin et de tous ceux qui ont étudié les mouvements expressifs, ont mis beaucoup plus de précision et de clarté dans ce sujet. Rappelons aussi le rôle des mouvements respiratoires dont Fechner ne parle pas. Ils ont une si grande importance que, dans certains cas, ils engendrent à eux seuls le sentiment de l'effort. Ferrier l'a montré, en s'appuyant sur une expérience très simple. Si l'on étend le bras et si l'on tient l'index dans la position nécessaire pour tirer un coup de pistolet, on peut, sans mouvoir réellement le doigt, avoir l'expérience d'un sentiment d'énergie déployée. Voilà donc un cas net du sentiment d'énergie déployée, sans contraction réelle des muscles de la main, et sans effort physique perceptible (ce qui est la thèse de A. Bain). « Mais si le lecteur recommence l'expérience et fait bien attention a l'état de sa respiration, il observe que sa conscience de l'effort coïncide avec une fixation des muscles de la poitrine et que, proportionnellement à la somme d'énergie qu'il sent mise en jeu par lui, il tient sa glotte fermée et contracte activement ses muscles respiratoires. Qu'il place son doigt comme auparavant et qu'il continue à respirer tout le temps, il verra que, si grande que soit l'attention dirigée par lui sur son doigt, il ne ressentira pas la moindre trace de conscience d'effort, jusqu'à ce que le doigt lui-même ait été mû réellement, et alors elle est rapportée localement aux muscles qui agissent. Ce n'est que lorsque ce facteur respiratoire, essentiel, toujours présent, est laissé de côté ainsi que cela a été fait, que la conscience de l'effort peut avoir quelque degré de plausibilité, être attribuée au courant centrifuge. »

En résumé, partout et toujours des contractions musculaires. Même dans les cas où nous restons immobiles, on trouvera, si l'on s'observe avec soin, que la réflexion intense s'accompagne d'un commencement de parole, de mouvements du larynx, de la langue, des livres. Chez ceux qui n'appartiennent pas an type moteur, par conséquent les plus défavorables à notre thèse, il y a un état d'audition idéale ou de vision idéale l'œil, quoique fermé, s'attache à des objets imaginaires. Czermak et après lui Stricker ont fait remarquer que si, après avoir contemplé intérieurement l'image d'un objet supposé très proche, on passe brusquement à la vision mentale d'un objet très éloigné, on sent un changement net dans l'état d'innervation des yeux. Dans la vision réelle, on doit passer, en pareil cas, de l'état de convergence à l'état de parallélisme des axes visuels, c'est-à-dire innerver les muscles moteurs de l'œil d'une autre manière. La même opération, plus faible, à l'état naissant, se produit dans la vision intérieure qui accompagne la réflexion. Enfin, chez tous et dans tous les cas, il y a des modifications dans le rythme de la respiration.

Nous pouvons répondre maintenant à la question posée plus haut : quelle est l'origine du sentiment de l'effort dans l'attention et quelle en est la signification?

Il a son origine dans ces états physiques tant de fois énumérés, conditions nécessaires de l'attention Il n'est que leur répercussion dans la conscience. Il dépend de la quantité et de la qualité des contractions musculaires, des modifications organiques, etc. Son point de départ est périphérique comme pour toute autre sensation. Il signifie que l'attention est un état anormal, non durable, produisant un épuisement rapide de l'organisme; car, au bout de l'effort, il y a la fatigue; au bout de la fatigue, l'inactivité fonctionnelle.

Reste un point obscur. Lorsque nous passons de l'état ordinaire à l'état d'attention sensorielle ou de réflexion, il se produit une augmentation de travail. L'homme surmené par une longue marche, une grande contention d'esprit, ou qui succombe au sommeil à la fin de la journée, le convalescent sortant d'une grave maladie, en un mot tous sont incapables d'attention, parce qu'elle exige, comme toute autre forme de travail, un capital de réserve qui puisse être dépensé. Dans le passage de l'état de distraction à l'état d'attention, il y a donc transformation de force de tension en force vive, d'énergie potentielle en énergie actuelle. Or c'est là un moment initial très différent du moment de l'effort senti, qui est un effet. Je fais cette remarque en passant, sans insister. L'examen de cette question ne pourra être tenté utilement qu'après avoir parcouru l'ensemble de notre sujet.

IV

Les recherches expérimentales sur l'attention volontaire ont confirme et précise certaines conclusions qui ressortaient d'ailleurs naturellement d'une compréhension exacte du sujet. Ces recherches sont directes ou indirectes, suivant qu'eues étudient l'attention en elle-même, dans ses variations individuelles, à l'état normal et morbide, ou suivant qu'elles l'étudiant comme le moyen, l'instrument d'autres recherches sur la durée des perceptions, des associations, du jugement, du choix. L'attention est, en effet, la condition psychique fondamentale de presque toutes les recherches psychométriques

Obsteiner, pour qui l'attention est essentiellement un fait d'inhibition, a trouve qu'elle exige en général plus de temps chez les ignorants que les gens cultivés, chez les femmes que chez les hommes qui par leur mode de vie ont développe le pouvoir d'arrêt, chez les vieillards que chez les adultes et les jeunes gens ce qui tient sans doute à une activité fonctionnelle moins rapide.

Une série d'expériences faites sur la même personne ont donne comme moyenne il l'état normal 133*, dans le cas de mal de tête 171* dans l'état de fatigue et de somnolence 183*. Chez un malade, au début de la paralysie générale, le temps moyen était de 166*; à la deuxième période de cette maladie, alors que l'état du sujet était tout juste compatible avec l'investigation expérimentale, on a obtenu 281* et jusque 755*. D'un autre côté Stanley Hall qui a eu la chance de rencontrer un sujet pouvant réagir correctement en état d'hypnotisme, a constaté une diminution très sensible du temps de réaction, qui passe d'une moyenne de 328* (état normal) à 193* (état hypnotique), résultat qui pouvait être prévu en raison de monoïdéisme propre à l'hypnose.

Wundt et Exner ont fait d'autres expériences sur l'homme normal. Tantôt le sujet est pris à l'état de distraction, l'impression contre laquelle il doit réagir survenant à l'improviste et sans avoir été déterminée devance. Tantôt l'impression est déterminée quant à sa nature et à son énergie, mais non quant au temps où elle doit se produire. Tantôt l'impression est complètement déterminée (nature et temps), un signal avertissant le sujet que l'impression va suivre. Dans cette marche ascendante de l'indétermination vers la détermination, le temps de la réaction va toujours diminuant, comme on pouvait le supposer d'avance. Ainsi, tandis que dans le cas de distraction il peut s'élever au chiffre énorme de 500* il tombe dans le second cas à 253* et avec signal à 76*.

Ces expériences nous présentent sous la forme la plus simple l'état dit d'*attention expectante* ou de pré-attention. Elles comportent quelques remarques propres à corroborer ce qui a été dit précédemment.

Si, dans l'attention expectante, on considère le côte *intellectuel*, on voit qu'elle est un stade préparatoire durant lequel est évoquée l'image d'un événement prévu ou présumé. L'état de monoïdéisme est constitué, de sorte que l'événement réel n'est que le renforcement de la représentation préexistante. Dans certaines expériences, deux impressions presque simultanées sont produites, il s'agit de déterminer laquelle est antérieure dans le temps. Si elles sont de nature différente, l'une auditive (un coup de timbre), l'autre visuelle (une étincelle électrique), on a une tendance à considérer comme antérieure, soit la plus forte impression, soit celle sur laquelle était dirigée l'attention. En se livrant à des recherches de ce genre, Wundt pouvait à volonté, suivant la direction donnée à son attention, voir tantôt l'une, tantôt l'autre la première. Quand les deux excitations sont de même nature, on ne perçoit bien que la première, la seconde passe inaperçue.

Si l'on considère le côté moteur de l'attention expectante, on voit qu'elle produit une innervation préparatoire des centres nerveux et des muscles qui, au moindre choc, peut se convertir en impulsion réelle. La représentation seule peut donc produire une réaction, sans cause extérieure.

Cet état explosif se produit surtout dans les cas où l'impression attendue est indéterminée, dans les cas qu'on pourrait appeler d'attention expectante en général. L'innervation motrice se partage entre tous les domaines sensoriels il se produit alors un sentiment d'inquiétude et de malaise, de tension telle qu'un corps qui tombe, un accident de laboratoire amènent une réaction automatique.

Quand l'impression attendue est bien déterminée, l'innervation motrice a sa voie tracée d'avance; au lieu d'être diffuse, la tension est localisée. Le temps de la réaction peut devenir nul et même négatif.

Quand la réaction doit être faite par des procédés différents ou pour des excitations différentes, il faut qu'il se produise un changement dans les centres qui produise un changement dans la direction des voies nerveuses c'est un état très fatigant. Si l'on s'obstine à réagir, le temps grossit démesurément, jusqu'à une seconde d'après Exner.

Nous devons mentionner aussi les recherches expérimentales de M. N. Lange sur les oscillations de l'attention sensorielle. Dans le silence de la nuit, le tic-tac d'une montre située à quelque distance, tantôt n'est pas entendu, tantôt est renforce de même pour le bruit d'une cascade; des oscillations analogues ont été observées dans l'ordre des sensations optiques et tactiles. Ces variations ne sont pas objectives; eues ne peuvent être que subjectives. Faut-il, comme on le fait d'ordinaire, les attribuer à la fatigue de l'organe sensoriel? L'auteur ne le croit pas; elles sont pour lui de cause centrale et ducs aux oscillations de l'attention. Lorsqu'on est attentif à deux excitations simultanées, l'une optique, l'autre acoustique, si les oscillations sont d'origine périphérique, elles devraient être indépendantes l'une de l'autre. Tel n'est pas le cas; les deux espèces d'oscillations ne coïncident jamais; elles sont toujours séparées par un intervalle parfaitement détermine. Quelle est la cause de cette périodicité des oscillations? D'après l'auteur, elle est dans l'oscillation des images qui accompagnent la perception sensorielle. Le renforcement existant dans l'attention vient de ce qu'à l'impression actuelle s'ajoute l'image d'une impression antérieure. L'attention sensorielle serait une assimilation de l'impression réelle qui reste immuable avec l'image antérieure qui subit des oscillations.

On voit, en résumé, que l'attention ne ressemble en rien à une activité pure, qu'elle est liée à des conditions physiques parfaitement déterminées n'agit que par elles et dépend d'elles.

Chapitre III

Les états morbides de l'attention

Pour achever l'étude de l'attention, il nous reste à examiner les cas morbides. Je ne me propose pas d'esquisser une pathologie de l'attention le titre serait trop ambitieux et t'entreprise prématurée; mais il y a des faits négliges par la psychologie, quoiqu'ils soient vulgaires, qu'il est bon de passer en revue. Leur importance pour faire mieux comprendre le mécanisme de l'attention normale n'échappera pas au lecteur. Le langage courant oppose à l'attention l'état de «distraction » mais ce mot, dans notre langue et dans plusieurs autres, a un sens équivoque, il désigne des états de l'esprit en apparence assez semblables, au fond tout à fait contraires. On appelle « distraits » les gens dont l'intelligence est incapable de se fixer d'une manière quelque peu stable, qui passent incessamment d'une idée à une autre, au gré des changements les plus fugitifs de leur humeur ou des événements les plus insignifiants dans leur milieu. C'est un état perpétuel de mobilité et d'éparpillement qui est l'antipode de l'attention; il se rencontre fréquemment chez les enfants et chez les femmes. Mais on applique aussi le mot « distraction » à des cas tout différents. Les gens absorbés par une idée et « distraits » de ce qui les entoure offrent peu de prise aux événements extérieurs, qui glissent sur eux sans les pénétrer. Ils paraissent incapables d'attention, parce qu'ils sont très attentifs. Plusieurs savants sont célèbres par leurs « distractions », et il y en a des exemples si connus de tout le monde qu'il est inutile de les rapporter. Tandis que les distraits- dissipés se caractérisent par le passage incessant d'une idée à une autre, les distraits-absorbés se caractérisent par l'impossibilité ou la grande difficulté du transfert. Ils sont rivés à leur idée, prisonniers sans désir d'évasion. En fait, leur état est une forme mitigée de ce cas morbide que nous étudierons plus loin sous le nom d'idée fixe.

Ces manifestations de la vie ordinaire, ces diverses formes de « distraction » sont en définitive des cas frustes qui instruisent peu, et il y aura plus de profit pour nous à insister sur les formes franchement pathologiques. Sans prétendre à rien qui ressemble à une classification systématique, nous essayerons de les grouper suivant un ordre rationnel. Pour y parvenir, c'est le fait même de l'attention normale qui doit nous servir de point de départ, et il nous reste à en noter les variations de nature et les déviations. Certains auteurs ont étudié les troubles de l'attention, en les rapportant aux différents types de maladies mentales généralement admis hypocondrie, mélancolie, manie, démence, etc. Ce procède; outre qu'il entraîne de perpétuelles redites, a le défaut plus grave de ne pas mettre le fait de l'attention en pleine lumière. Elle est étudiée non pour elle-même, mais à titre de symptôme. Pour nous, au contraire, elle doit être au premier plan; le reste est accessoire. Il est nécessaire que les formes morbides soient rattachées au tronc commun – l'état normal, – qu'on en saisisse toujours clairement les rapports : c'est à cette condition seule que la pathologie peut nous instruire.

Si, comme nous l'avons fait précédemment, on définit l'attention : la prédominance temporaire d'un état intellectuel, ou d'un groupe d'états, avec adaptation naturelle ou artificielle de l'individu; si tel est le type normal, on peut noter les déviations suivantes :

1) Prédominance absolue d'un état, ou d'un groupe d'états, qui devient stable, fixe, qui ne peut être délogé de la conscience. Ce n'est plus un simple antagoniste de l'association spontanée, bornant son rôle à la gouverner; c'est un pouvoir destructeur, tyrannique, qui s'asservit tout, qui ne permet à la prolifération des idées de se faire que dans un seul sens, qui emprisonne le courant de la conscience dans un lit étroit, sans qu'elle en puisse sortir, qui stérilise plus ou moins tout ce qui est étranger à sa domination. L'hypocondrie, mieux encore les idées fixes et l'extase, sont des cas de ce genre. Ils forment un premier groupe morbide que j'appellerai *l'hypertrophie de l'attention*.

2) Dans le second groupe, je comprendrai les cas où l'attention ne peut se maintenir ni souvent même se constituer. Cette défaillance se produit dans deux

circonstances principales. Tantôt le cours des idées est si rapide, si exubérant, que l'esprit est livré à un automatisme sans frein. Dans ce flux désordonné, aucun état ne dure ni ne prédomine; il ne se forme aucun centre d'attraction, même temporaire. Ici le mécanisme de l'association prend sa revanche; il agit seul, de toute sa puissance, sans contrepoids. Telles sont certaines formes de délire et surtout la manie aiguë. Tantôt, le mécanisme de l'association ne dépassant pas l'intensité moyenne, il y a absence ou diminution du pouvoir d'arrêt. Cet état se traduit subjectivement par impossibilité ou l'extrême difficulté de l'effort. Bien ne converge ni spontanément, ni par artifice; tout reste flottant, indécis et dispersé. On en trouve de nombreux exemples chez les hystériques, les gens atteints de faiblesse irritable, les convalescents, les sujets apathiques et insensibles dans l'ivresse, dans l'état de fatigue extrême du corps ou de l'esprit, etc... Cette impuissance coïncide, en somme, avec toutes les formes d'épuisement. Nous désignerons ce groupe, par opposition à l'autre, sous le nom *d'atrophie de l'attention*.

Remarquons en passant que le premier groupe d'états morbides relève plutôt de l'attention spontanée et le second de l'attention volontaire. L'un dénote une force exagérée, l'autre une faiblesse exagérée du pouvoir de concentration. L'un est une évolution et va vers le *plus*, l'autre est une dissolution et va vers le *moins*. Dès à présent, la pathologie vérifie ce qui a été dit précédemment. L'attention volontaire, comme toutes les œuvres artificielles, est précaire, vacillante. La maladie ne la transforme pas, mais la fait tomber en ruine. L'attention spontanée, comme toutes les forces naturelles, peut s'amplifier jusqu'à l'extravagance, mais elle ne peut que se transformer; au fond, elle ne change pas de nature c'est comme un vent léger d'abord qui devient tempête.

3) Le troisième groupe comprend non des formes morbides de l'attention, mais une infirmité congénitale. Tels sont les cas où l'attention spontanée et a plus forte raison l'attention volontaire ne se constituent pas, ou bien n'apparaissent que par éclairs. Cela se rencontre à divers degrés chez les idiots, les imbéciles, les faibles d'esprit, les déments.

Après cette classification rapide, passons aux détails.

I

Il est bon d'abord de remarquer qu'il y a une transition presque insensible de l'état normal aux formes les plus extravagantes de l'idée fixe. Il est arrivé à tout le monde d'être poursuivi par un air musical ou une phrase insignifiante qui revient obstinément, sans raison valable. C'est la forme la plus légère de l'idée fixe. L'état de préoccupation nous conduit à un degré plus haut : le souci d'une personne malade, d'un examen à préparer, d'un grand voyage à entreprendre, et mille autres faits de ce genre, sans constituer pour la conscience un état d'obsession véritable, agissent par répétition. Malgré son intermittence, l'idée reste vivace, jaillissant brusquement du fond de l'inconscient; elle a plus de stabilité qu'aucune autre; ses éclipses momentanées ne l'empêchent pas de jouer le rôle principal. A vrai dire, chez tout homme sain, il y a presque toujours une idée dominante qui règle sa conduite le plaisir, l'argent, l'ambition, le salut de son âme. Cette idée fixe qui dure toute la vie, sauf le cas où il y a substitution de l'une à l'autre, se résout finalement en une passion fixe ce qui prouve une fois de plus que l'attention et tous ses modes dépendent d'états affectifs. La métamorphose de l'attention en idée fixe apparaît bien mieux encore chez les grands hommes. « Qu'est-ce qu'une grande vie? disait Alfred de Vigny. Une pensée de la jeunesse réalisée dans l'âge mûr. Pour beaucoup d'hommes célèbres, cette « pensée » a été tellement absorbante et tyrannique, qu'on peut à peine lui refuser le caractère morbide.

Cette transformation de l'attention spontanée en idée fixe, décidément pathologique, est bien nette chez les hypocondriaques. On peut en suivre l'évolution, en noter tous les degrés; car cette maladie en comporte un grand nombre depuis la préoccupation la plus légère jusqu'à la plus complète obsession. Quoiqu'elle ne puisse germer et grandir que sur un terrain propice, qu'elle suppose par conséquent certaines conditions physiques et mentales, elle ne dépasse pas à l'origine le niveau moyen de l'attention spontanée ce n'est que peu à peu que le grossissement se fait. Il importe peu d'ailleurs que les souffrances soient réelles ou imaginaires au point de vue psychologique, subjectif, c'est tout un. On sait que le seul fait de fixer son attention sur une partie du corps, le cœur, l'estomac, la vessie, les intestins, amène à la conscience des sensations insolites ce qui est un cas de cette loi générale que tout état de conscience vif tend à s'actualiser. Certains hommes ont à cet égard un don particulier. Sir J. Brodie affirme qu'il pouvait ressentir une douleur dans une région quelconque de son corps, en fixant fortement sur elle son attention. Or, fixer son attention signifie simplement laisser un certain état durer et prédominer. Cette prédominance, d'abord inoffensive, s'accroit par les effets mêmes qu'elle produit. Un centre d'attraction s'est établi, qui peu à peu acquiert le monopole de la conscience. Alors c'est une préoccupation perpétuelle, une observation de tous les instants sur l'état de chaque organe et les produits de chaque fonction : bref, cet état d'hypocondrie complète dont le tableau a été tracé tant de fois.

Mais il y a des idées fixes, plus extraordinaires, plus rares, qui, par leur nature purement intellectuelle, sont comme la caricature de la réflexion. Ce sont les idées fixes proprement dites.

Plusieurs auteurs contemporains les ont étudiées avec grand soin. Malheureusement les mémoires et les recueils d'observations sur ce sujet ne sont guère sortis du domaine de la psychiatrie, et la psychologie jusqu'ici n'en a pas tiré profit, du moins en ce qui concerne l'attention.

On est à peu près d'accord pour classer les idées fixes en trois grandes catégories :

1° Les idées fixes simples, d'une nature purement intellectuelle, qui restent le plus souvent renfermées dans la conscience ou qui ne se traduisent au dehors que par des actes insignifiants;

2° Les idées fixes accompagnées d'émotions, telles que la terreur et l'angoisse, (agoraphobie, folie du doute, etc.);

3° Les idées fixes à forme impulsive, connues sous le nom de tendances irrésistibles, qui se traduisent par des actes violents ou criminels (vol, homicide, suicide).

Quoiqu'il n'y ait pas de démarcation tranchée entre les trois classes, on peut dire que la première a pour caractère spécifique un trouble de l'intelligence, que la seconde est plutôt de l'ordre affectif, que la troisième dépend d'un affaiblissement de la volonté. Ces deux dernières seront rigoureusement exclues de notre étude, parce qu'elles relèvent de la pathologie des sentiments et de la volonté. Il est bien préférable de nous en tenir strictement aux cas purs de tout alliage, à ceux qui sont rigoureusement comparables à l'état de monoïdéisme relatif qu'on appelle l'attention. Même en se restreignant à ce groupe, les exemples d'idées fixes ne manquent pas. On leur a donne divers noms suivant leur caractère prédominant. Chez les uns l'idée fixe prend une forme mathématique (arithmomanie). Pourquoi les hommes ont-ils telle taille? Pourquoi les maisons, telle dimension? Pourquoi les arbres, telle hauteur ? et ainsi de suite à propos de chaque objet. Plus souvent c'est un besoin sans fin de calculer, additionner, multiplier « Une femme, ayant des symptômes nombreux d'hystérie, ne pouvait jeter les yeux sur une rue sans se mettre aussitôt, et contre sa volonté, à calculer le nombre de pavés de cette rue, puis de toutes les rues de la ville, puis de toutes les villes d'Italie, puis des rivières et des fleuves. Si elle voyait un sac de blé, aussitôt commençait dans son cerveau un travail de numération sur le nombre des grains contenus dans la ville, dans la région, dans le pays tout entier. Elle confessait que non seulement elle se sentait entraînée par une force irrésistible à faire des calculs aussi étranges, mais que ces idées fixes étaient si bien organisées que si, pendant ce pénible travail, elle était interrompue par l'impossibilité d'aller plus loin ou par quelque autre cause, elle éprouvait un sentiment d'angoisse avec des souffrances physiques inénarrables On me signale un jeune homme qui passe la meilleure partie de son temps à calculer l'heure de départ et d'arrivée, pour chaque station, des trains de chemin de fer sur toute la surface du globe. Il gratifie même de voies ferrées les pays qui n'en ont pas, et règle à son gré ce service imaginaire. Il rédige des indicateurs très compliqués qui couvrent des pages énormes, dresse des courbes, établit des concordances aux points de bifurcation. Il est, par ailleurs, très intelligent. Une autre forme d'idée fixe consiste en questions sans fin sur un problème abstrait que les malades eux-mêmes jugent insoluble. Les Allemands l'appellent *Grübelsucht,* les Anglais «manie métaphysique ». La forme interrogative qui lui est propre l'a fait désigner sous le nom de *Fragetrieb.* Un homme, dont Griesinger a rapporté l'observation, ne pouvait entendre le mot « beau » sans se poser, malgré lui, une série inextricable et indéfinie de questions sur les problèmes les plus abstrus de l'esthétique. Le mot « être » le lançait dans une série métaphysique. Ce malade, très cultive, nous dit dans sa confession « Je ruine ma santé en pensant sans cesse à des problèmes que la raison ne pourra jamais résoudre et qui, malgré les efforts les plus énergiques de ma volonté, me fatiguent sans trêve. Le cours de ces idées est incessant. Cette réflexion métaphysique est trop continue pour être naturelle... Chaque fois que ces idées reviennent, je tente de les chasser et je m'exhorte à suivre la voie naturelle de la pensée, à ne pas m'embrouiller le cerveau d'arguments très obscurs, à ne pas m'abandonner à une méditation des choses abstraites et insolubles. Et cependant je ne peux me soustraire à l'impulsion continuelle qui martèle mon esprit, à la tendance immuable et fixe qui me poursuit et ne me laisse pas un instant de calme. »

Je donnerai, en raison de son caractère purement intellectuel, un dernier exemple d'idée fixe rapporté par Tamburini « Un jeune étudiant en droit, issu de parents névropathes, était domine par la pensée continuelle de connaître l'origine, le pourquoi et le comment du cours forcé des billets de banque. Cette pensée retenait son attention tendue à chaque instant, l'empêchait de s'occuper de toute autre chose, s'interposait entre le monde extérieur et lui, et, quelques efforts qu'il fit pour s'en débarrasser, il lui était impossible d'y parvenir. S'estimant incapable, malgré de longues réflexions et de multiples recherches tentées pour résoudre ce problème, de se livrer à tout autre travail mental il tomba dans un tel état de tristesse et d'apathie qu'il voulut interrompre le cours de ses études. Son sommeil était incomplet et interrompu souvent il passait des nuits éveillé, toujours absorbé dans son idée dominante. Il faut noter dans ce cas un phénomène très singulier par suite de la tension continuelle de son esprit sur le problème des billets de banque et du cours forcé, il finit par avoir toujours devant les yeux l'image des billets eux-mêmes, avec toutes leurs variétés de forme, de grandeur et de couleur. L'idée, avec ses incessantes répétitions et son intensité, en vint à avoir une force de projection qui l'égalait à la réalité. Mais lui, il avait toujours pleine conscience que les images qui étaient devant ses yeux n'étaient qu'un jeu de son imagination, » Une médication appropriée et quelques explications très lucides données par un professeur améliorèrent sa situation. « Le voile qui couvrait son esprit, après avoir été enlevé pour ce qui concernait les grands billets de banque, persista encore pour les petites valeurs, comme celle de cinquante centimes, dont l'image continuait à lui apparaître. Puis finalement tous les troubles disparurent.

Quelquefois l'idée fixe consiste dans l'obsession de noms à retrouver – noms d'indifférents ou d'inconnus (onomatomie), – mais le sentiment d'angoisse qui l'accompagne ordinairement doit la faire rapporter de préférence à notre deuxième catégorie.

On dira peut-être « Ces gens-là et leurs semblables sont des fous. » Assurément ce ne sont pas des esprits sains, mais l'épithète de fous est imméritée. Ils sont débilités, déséquilibrés. La coordination mentale, fragile et instable, cède au moindre choc; mais c'est une perte d'équilibre, non une chute. Les auteurs qui ont recherche les causes déterminantes des idées fixes arrivent tous à la même conclusion c'est un symptôme de dégénérescence. On pourrait dire : N'a pas des idées fixes qui veut. Il y a une condition primordiale qui est requise une constitution névropathique. Elle peut être héréditaire; elle peut être acquise. Les uns sont issus de parents à qui ils doivent le triste legs d'un organisme dégénéré. Ce sont, de beaucoup, les plus nombreux. Les autres ont été épuisés par les circonstances de la vie : fatigue physique ou intellectuelle, émotions, passions vives, excès sexuels ou autres, anémie, maladies débilitantes, etc. Finalement, on arrive au même résultat par les deux chemins. Aussi l'idée fixe, même sous la forme la plus simple, celle qui nous occupe, qui paraît toute théorique et renfermée dans le champ des opérations intellectuelles, n'est cependant pas un événement purement intérieur, sans concomitants physiques. Tout au contraire, les symptômes organiques qui l'accompagnent indiquent une neurasthénie, douleurs à la tête, névralgie, sentiment d'oppression, trouble de la motilité, des vaso-moteurs, des fonctions sexuelles, insomnie, etc. Le phénomène psychique de l'idée fixe n'est que l'effet, entre beaucoup d'autres, d'une seule et même cause. Toutefois, il convient de remarquer que, s'il suffit au médecin de ramener ces manifestations multiples à une source unique, la dégénérescence, il resterait au psychologue une tache bien plus difficile. Il lui faudrait, outre la cause générale, trouver les causes particulières de chaque cas. Pourquoi telle forme a-t-elle prévalu chez tel individu? Pourquoi la préoccupation exclusive du calcul chez l'un, des noms chez un autre, des billets de banque chez un autre? Quelles sont les causes secondaires qui ont imposé une direction? Chaque cas devrait être étudié séparément. En supposant que cette recherche puisse aboutir, le mieux serait de commencer par les cas les plus graves, ceux que nous avons éliminés. En réalité, ils sont plus simples, et quelques-uns se rattachant à un appareil organique déterminé (par exemple, l'idée fixe chez certains érotomanes), on y trouverait un point de départ et un fil pour se guider. Mais appliquer d'emblée l'analyse psychologique aux formes intellectuelles de l'idée fixe, c'est se condamner à un insuccès. Au reste, nous n'avons pas à tenter ici ce travail. Notre seul but, c'est d'examiner de plus près le mécanisme de l'idée fixe, pour voir par où il se rapproche de celui de 'attention et par où il en diffère.

A cette question, nous pouvons répondre tout de suite Il n'y a entre les deux aucune différence de nature; il n'existe qu'une différence de degré l'idée fixe a plus d'intensité et surtout plus de durée. Prenons un état quelconque d'attention spontanée; supposons que, par des procédés artificiels, on puisse le renforcer et surtout le rendre permanent, la métamorphose en idée fixe sera consommée tout cet ensemble de conceptions déraisonnables qui lui font cortège et qui ont un faux air de folie, s'y ajoutera nécessairement, par le seul effet du mécanisme logique de l'esprit. Le terme « idée fixe » désigne la partie principale de l'état psychologique complet, mais seulement une partie le centre d'où tout part et où tout revient. La permanence d'une seule image, d'une seule idée, rien de plus, serait en contradiction avec les conditions d'existence de la conscience qui exige le changement. Le monoïdéisme *absolu*, s'il y en a, se rencontre tout au plus dans les formes les plus hautes de l'extase, comme nous le dirons plus loin. Le mécanisme de l'idée fixe consiste en associations d'états de conscience dans une direction unique – associations parfois lâches et peu cohérentes, plus souvent d'un lien logique très serré qui s'exprime par des interrogations incessantes.

Quelques auteurs, particulièrement Westphal, en notant les différences entre l'idée fixe et les désordres mentaux qualifiés de folie, font cette remarque importante « L'idée fixe est une altération formelle du processus de l'idéation, non de son contenu » en d'autres termes, il y a altération, non dans la nature, la qualité de l'idée, qui est normale, mais dans sa quantité, son intensité, son degré. Réfléchir sur l'origine des choses ou l'utilité des billets de banque est un acte parfaitement raisonnable, et cet état mental n'est nullement comparable à celui du mendiant qui se croit millionnaire ou d'un homme qui se croit femme. Le trouble « formel » consiste dans cette nécessité impitoyable qui contraint l'association à suivre toujours une seule voie. Comme il y a des intermittences, des changements momentanés de direction, ces malades, qui ont une intelligence vive et une culture peu commune, ont pleine conscience de l'absurdité de leur état l'idée fixe leur apparaît comme un corps étranger, logé en eux, qu'ils ne peuvent expulser; mais elle ne parvient pas à les envahir tout entiers, elle reste une « idée délirante avortée ».

Cette nature *formelle* de l'idée fixe montre bien son étroite parente avec l'attention. Celle-ci, nous l'avons dit plusieurs fois, n'est qu'une attitude mentale. Les perceptions, images, idées, émotions, sont sa matière; elle ne les crée pas, elle ne fait que les isoler, les renforcer les mettre en lumière; elle n'en est qu'un mode. La langue courante elle-même établit une distinction entre la forme ordinaire et la forme attentive des états de l'esprit.

Je suis donc tout disposé à soutenir, avec Buccola, « que l'idée fixe est l'attention à son plus haut degré, le terme extrême de sa faculté d'inhibition ». II n'y a aucune limite, même flottante, entre les deux et, pour nous résumer, si on les compare l'une à l'autre, voici ce que l'on constate

1° Dans les deux cas, prédominance et intensité d'un état de conscience, mais bien supérieures dans le cas de l'idée fixe. Celle-ci, par suite de conditions organiques, est permanente; elle dure; elle dispose d'un facteur psychique d'une grande importance le temps.

2° Dans les deux cas, le mécanisme de l'association est limité. Cet état d'exception dure peu dans l'attention la conscience revient spontanément à son état normal, qui est la lutte pour l'existence entre des états hétérogènes. L'idée fixe empêche toute diffusion.

3° L'idée fixe suppose c'est un des effets ordinaires de la dégénérescence un affaiblissement notable de la volonté, c'est-a-dire du pouvoir de réagir. Il n'y a pas d'état antagoniste qui puisse la réduire. L'effort est impossible ou infructueux. De là cet état d'angoisse du malade, conscient de son impuissance.

Physiologiquement, on peut avec vraisemblance se représenter la condition de l'idée fixe de la manière suivante : À l'état normal, le cerveau travaille tout entier c'est une activité disséminée. Il se produit des décharges d'un groupe cellulaire à un autre, ce qui est l'équivalent objectif des perpétuels changements de la conscience. À l'état morbide, quelques éléments nerveux sont seuls actifs, ou du moins leur état de tension ne passe pas à d'autres groupes. Il n'est d'ailleurs pas nécessaire que les éléments nerveux occupent un point ou une région limitée du cerveau ils peuvent être épars, pourvu qu'ils soient étroitement reliés et associés pour le travail commun. Quelle que soit leur position dans l'organe cérébral, ils sont en fait isolés toute l'énergie disponible s'est accumulée en eux et ils ne la communiquent pas a d'autres groupes d'où leur monopole et leur activité exagérée. Il y a un défaut d'équilibre physiologique, du probablement à l'état de nutrition des centres cérébraux.

Esquirol appelait l'idée fixe une catalepsie de l'intelligence. On pourrait aussi la comparer à un phénomène d'ordre moteur, la contracture. Celle-ci est une constriction prolongée des muscles; elle dépend d'un excès d'irritabilité des centres nerveux : la volonté est impuissante à la détruire. L'idée fixe a une cause analogue; elle consiste en une tension excessive, et la volonté n'a pas de prise sur elle.

II

On pourrait appeler l'idée fixe la forme chronique de l'hypertrophie de l'attention l'extase en est la forme aiguë. Nous n'avons pas à étudier en entier cet état extraordinaire de l'esprit. Nous l'avons pris ailleurs par son côté négatif, l'anéantissement de la volonté; nous le prendrons aujourd'hui par son côté positif, l'exaltation de l'intelligence.

Rapprocher l'attention de l'extase n'est pas une nouveauté l'analogie des deux états est si grande que plusieurs auteurs se sont servis de l'attention pour définir l'extase. « C'est, dit Bérard, une exaltation vive de certaines idées qui absorbent tellement l'attention que les sensations sont suspendues, les mouvements volontaires arrêtes, l'action vitale même souvent ralentie. » Pour Michéa, c'est « une contemplation profonde, avec abolition de la sensibilité et suspension de la faculté locomotrice ». A. Maury s'exprime encore plus explicitement. «Une simple différence de degré sépare l'extase de l'action de fixer avec force une idée dans l'intelligence. La contemplation implique encore l'exercice de la volonté et le pouvoir de faire cesser la tension extrême de l'esprit. Dans l'extase qui est la contemplation portée à sa plus haute puissance, la volonté, susceptible à la rigueur de provoquer l'accès, est impropre à la suspendre ».

Comme pour l'idée fixe, on peut, entre l'état normal et l'extase, noter des degrés intermédiaires. Les hommes doués d'une puissante attention peuvent s'isoler spontanément, du monde extérieur. Inaccessibles aux sensations et même à la douleur, ils vivent temporairement dans cet état spécial qu'on a nommé la *contemplation*. L'histoire tant citée d'Archimède, pendant la prise de Syracuse, vraie ou fausse en fait, est vraie psychologiquement. Les biographes de Newton, Pascal, W. Scott, Gauss et de bien d'autres ont rapporté de nombreux exemptes de ce ravissement intellectuel.

« Avant l'invention du chloroforme, les patients supportaient quelquefois de violentes opérations sans donner aucun signe de douleur, et, après, ils déclaraient qu'ils n'avaient rien senti, ayant concentré leur pensée par un puissant effort d'attention sur quelque sujet qui les captivait complètement.

« Bien des martyrs ont souffert la torture avec une parfaite sérénité, qu'ils n'avaient, de leur propre aveu, aucune difficulté à maintenir. Leur attention extatique (*entranced*) était tellement remplie par les visions béatifiques qui se présentaient à leurs regards ravis, que les tortures corporelles ne leur causaient aucune douleur ».

Le fanatisme politique a produit plus d'une fois les mêmes effets mais partout et toujours c'est une grande passion qui sert de point d'appui; ce qui prouve une fois de plus que les formes vives et stables de l'attention dépendent de la vie affective et d'elle seule.

Laissons les degrés intermédiaires pour arriver à l'extase franche, et négligeons toutes les autres manifestations physiques et psychiques qui accompagnent cet état extraordinaire pour ne considérer qu'un seul fait : l'extrême activité intellectuelle, avec concentration sur une unique idée. C'est un état d'idéation intense et circonscrit; la vie entière est ramassée dans le cerveau pensant où une représentation unique absorbe tout. Cependant l'extase, quoiqu'elle élève, chez chaque individu, l'intelligence à sa plus haute puissance, ne peut pas la transformer. Elle ne peut agir sur un esprit borné et ignorant comme sur un esprit très cultivé et de haute volée. Nous pouvons donc, en vue de notre sujet, distinguer deux catégories de mystiques. Chez les uns l'événement intérieur consiste dans l'apparition d'une image maîtresse autour de laquelle tout rayonne (la Passion, la Nativité, la Vierge, etc.), et qui se traduit par une suite régulière de mouvements et de discours telles Marie de Mærl, Louise Lateau, l'extatique de Voray. Chez les autres, les grands mystiques, l'esprit, après avoir traverse la région des images, atteint celle des idées pures et s'y fixe. J'essayerai de montrer plus loin que cette forme supérieure de l'extase réalise parfois le monoïdéisme complet, absolu, c'est-à-dire la parfaite unité de la conscience, qui ne consiste plus qu'en un seul état, sans changement.

Pour retracer cette marche ascendante de l'esprit .vers l'unité absolue de la conscience, dont l'attention même la plus concentrée n'est qu'une pâle ébauche, nous n'avons pas besoin d'avoir recours à des hypothèses probables; ni de procéder théoriquement et *a priori*. Je trouve, dans le *Castillo Interior* de sainte Thérèse, la description étapes par étapes de cette concentration progressive de la conscience qui, partant de l'état ordinaire de diffusion, revêt la forme de l'attention, la dépasse et peu à peu, dans quelques cas rares, parvient à la parfaite unité de l'intuition. À la vérité, ce document est unique, mais une bonne observation vaut mieux que cent médiocres Elle peut d'ailleurs nous inspirer pleine confiance. C'est une confession faite par ordre du pouvoir spirituel, c'est l'œuvre d'un esprit très délicat, très habile à observer, sachant manier sa langue pour exprimer les plus fines nuances. Je prie le lecteur de ne pas se laisser dérouter par la phraséologie mystique de cette observation, de ne pas oublier que c'est une Espagnole du XVIè siècle qui s'analyse dans le langage et avec les idées de son temps mais on peut la traduire dans le langage de la psychologie contemporaine. Je vais essayer cette traduction, en m'attachant à montrer cette concentration toujours croissante, ce rétrécissement incessant du champ de la conscience, décrit d'après une expérience personnelle.

Il y a, dit-elle, un château bâti d'un seul diamant d'une beauté et d'une pureté incomparables; y entrer, l'habiter, c'est le but du mystique. Ce château est intérieur, dans notre âme; il n'y a pas à sortir de nous pour y pénétrer; mais la route est longue et difficile. Pour l'atteindre, il y a sept demeures à parcourir; on la franchit par sept degrés d' « oraison ». Au stade préparatoire, on est encore plongé dans la multiplicité des impressions et des images, dans « la vie du monde ». Traduisons : la conscience suit son cours ordinaire, normal.

La première demeure est atteinte par l' « oraison vocale ». J'interprète: la prière à haute voix, la parole articulée produit un premier degré de concentration, ramène dans une voie unique la conscience dispersée.

La seconde demeure est celle de l' « oraison mentale », c'est-à-dire que l'intériorité de la pensée augmente; le langage intérieur se substitue au langage extérieur. Le travail de concentration devient plus facile: la conscience n'a plus besoin de l'appui matériel des mots articulés ou entendus, pour ne pas dévier; il lui suffit d'images vagues de signes se déroulant en série. L' « oraison de recueillement » marque le troisième degré. Ici, je l'avoue, l'interprétation m'embarrasse. Je ne peux guère y voir qu'une forme supérieure du deuxième moment, séparée par une nuance subtile et appréciable à la seule conscience du mystique.

Jusqu'ici, il y a eu activité, mouvement, effort; toutes nos facultés sont encore en jeu maintenant, il faut « non plus penser beaucoup, mais aimer beaucoup ». En d'autres termes, la conscience va passer de la forme discursive à la forme intuitive, de la pluralité à l'unité; elle tend à être, non plus un rayonnement autour d'un point fixe, mais un seul état d'une intensité énorme. Et ce passage n'est pas l'effet d'une volonté capricieuse, arbitraire, ni du seul mouvement de la pensée livrée a elle-même; il lui faut l'entraînement d'un puissant amour, le « coup de la grâce », c'est-à-dire la conspiration inconsciente de l'être tout entier.

L' « oraison de quiétude » introduit dans la quatrième demeure, et alors « l'âme ne produit plus, elle reçoit » c'est un état de haute contemplation que les mystiques religieux n'ont pas connu seuls. C'est la vérité apparaissant brusquement d'un bloc, s'imposant comme telle, sans les procédés lents et longs d'une démonstration logique.

La cinquième demeure ou « oraison d'union » est le commencement de l'extase; mais elle est instable. C'est l' « entrevue avec le divin fiancé » mais sans possession durable. « Les fleurs n'ont fait qu'entr'ouvrir leurs calices, elles n'ont répandu que leurs premiers parfums. » La fixité de la conscience n'est pas complète, elle a des oscillations et des fuites; elle ne peut encore se maintenir dans cet état extraordinaire et contre nature.

Enfin, elle atteint l'extase dans la sixième demeure par l' « oraison de ravissement ». «Le corps devient froid, la parole et la respiration sont suspendues, les yeux se ferment, le plus léger mouvement causerait les plus grands efforts. Les sens et les facultés restent en dehors… Quoique d'ordinaire on ne perde pas le sentiment [la conscience], il m'est arrivé d'en être entièrement privée : ceci a été rare et a duré fort peu de temps. Le plus souvent, le sentiment se conserve, mais on éprouve je ne sais quel trouble, et bien qu'on ne puisse agir à l'extérieur, on ne laisse pas que d'entendre. C'est comme un son confus qui viendrait de loin. Toutefois *même cette manière d'entendre cesse lorsque le ravissement est à son plus haut degré.* »

Qu'est-ce donc que la septième et dernière demeure qu'on atteint par le « vol de l'esprit » ? Qu'y a-t-il au-delà de l'extase? L'unification avec Dieu. Elle se fait « d'une manière soudaine et violente… avec une telle force qu'on tenterait en vain de résister à cet élan impétueux ». Alors Dieu est descendu dans la substance de l'âme, qui ne fait qu'un avec lui. Ce n'est pas, a mon avis, une vaine distinction que celle de ces deux degrés d'extase. A son plus haut degré, l'abolition même de la conscience est atteinte par son excès d'unité. Cette interprétation paraît légitime si l'on se rapporte aux deux passages que j'ai soulignés plus haut «Il m'est arrivé d'être entièrement privée du sentiment » ; «Cette manière d'entendre cesse quand le ravissement est à son plus haut degré. » On en pourrait citer d'autres empruntés au même auteur. Il est remarquable que, dans l'un de ses «grands ravissements», la Divinité lui apparaît sans forme, comme une abstraction parfaitement vide. Voici du moins comment elle s'exprime « Je dirai donc que la Divinité est comme un diamant d'une transparence souverainement limpide et beaucoup plus grand que le monde. » Il m'est impossible de ne voir là qu'une simple comparaison et une métaphore littéraire. C'est l'expression de la parfaite unité dans l'intuition.

Ce document psychologique nous a permis de suivre la conscience peu à peu jusqu'à son dernier degré de concentration, jusqu'au monoïdéisme absolu, il nous permet de plus de répondre à une question souvent agitée et qui n'a été tranchée que théoriquement : Un état de conscience uniforme peut-il subsister? Il semble que le témoignage de quelques mystiques permet une réponse affirmative.

Certes, c'est une vérité positive et banale que la conscience ne vit que par le changement. Elle est reconnue depuis Hobbes au moins « *Idem sentire semper* et non *sentire, ad idem recidunt* » ; mais cette loi est enfreinte chez quelques individus exceptionnels, dans des cas très rares et pendant très peu de temps. Dans l'extase ordinaire, la conscience atteint son maximum de rétrécissement et d'intensité, mais elle conserve encore la forme discursive elle ne diffère d'une attention très forte qu'en degré. Seuls les grands mystiques, d'un élan plus vigoureux, sont arriva au monoïdéisme absolu. Tous, dans tous les pays, dans tous les temps, sans se connaître, ont considéré l'unité parfaite de la conscience, comme la consommation suprême de l'extase, rarement atteinte. Plotin n'avait obtenu cette faveur que quatre fois dans sa vie, selon Porphyre, qui ne l'obtint lui qu'une fois, à l'âge de soixante-six ans. À ce point extrême, la conscience ne peut longtemps durer ce qu'ils déclarent. Mais cette instabilité qu'ils expliquent à leur façon, par leur indignité d'un pareil bonheur, par l'impossibilité pour un être fini de devenir infini, s'explique en réalité par des causes psychologiques et physiologiques. La conscience est placée en dehors de ses conditions nécessaires d'existence, et les éléments nerveux qui sont les supports et les agents de cette prodigieuse activité ne peuvent y suffire longtemps. Alors, on retombe à terre, on redevient « le petit ânon qui s'en va paissant ».

III

L'affaiblissement de l'attention est extrême dans la manie, qui consiste, comme on le sait, en une surexcitation générale et permanente de la vie psychique. La diffusion n'est pas seulement intérieure; elle se traduit sans cesse au dehors et se dépense à chaque instant. Il y a une agitation constante, un besoin continuel de parler, de crier, d'agir violemment. L'état de conscience se projette immédiatement au dehors. « Les maniaques, dit Griesinger, peuvent faire pendant un temps parfois très long une dépense de force musculaire, à laquelle un homme sain ne suffirait pas. On les voit passer des semaines on des mois entiers presque sans sommeil, en proie à une fureur violente, et la seule explication de cette énorme dépense musculaire semble celle-ci par suite d'une anomalie de la sensibilité des muscles, ces malades n'ont pas le sentiment de la fatigue. En même temps, les sensations, les images, les idées, les sentiments se succèdent avec une telle rapidité qu'ils atteignent à peine le degré de la conscience complète et que souvent, pour le spectateur, le lien d'association qui les relie échappe totalement. « C'est, disait l'un d'eux, une chose vraiment effroyable que la vitesse extrême avec laquelle les pensées se succèdent dans l'esprit. »

Ainsi, en résumé, dans l'ordre mental, une course désordonnée d'images et d'idées; dans l'ordre moteur, un flux de paroles, de cris, de gestes, de mouvements impétueux.

Il n'est pas nécessaire de s'attarder à faire voir que toutes les conditions contraires à l'état d'attention se trouvent réunies dans la manie. Il n'y a ni concentration ni adaptation possibles, ni durée. C'est le triomphe de l'automatisme cérébral, livré à lui-même et libre de tout frein. Aussi chez les maniaques il y a parfois une exaltation extrême de la mémoire; ils peuvent réciter de longs poèmes, depuis longtemps oubliés. Dans ce chaos intellectuel, aucun état ne réussit à durer. « Mais qu'on vienne à agir puissamment sur l'esprit d'un maniaque, qu'un événement imprévu arrête son attention, et tout à coup le voilà raisonnable et la raison se soutient aussi longtemps que l'impression conserve assez de puissance pour fixer son attention ». Voilà encore un exemple qui nous montre de quelles causes dépend l'attention spontanée.

Nous comprendrons sous le nom général d'épuisement un groupe d'états assez nombreux où l'attention ne peut dépasser un degré très faible. Ce n'est pas qu'elle ait à lutter, comme dans la manie, contre un automatisme excessif; sa faiblesse vient d'elle-même on en trouve des exemples chez les hystériques, chez certains mélancoliques, au commencement de l'ivresse, à rapproche du sommeil, dans l'extrême fatigue, physique ou mentale. Les enfants atteints de la chorée sont aussi peu capables d'attention. Ces états morbides ou semi-morbides confirment la thèse que nous avons soutenue précédemment (en étudiant l'état normal) c'est que le mécanisme de l'attention est essentiellement moteur. Dans l'épuisement, il y a impossibilité ou difficulté extrême de fixer l'attention. Cela signifie, je le répète : Un état intellectuel ne peut prédominer, ni durer, ni produire une adaptation suffisante. Cet épuisement cérébral qui résulte d'un vice quelconque de nutrition, se traduit de deux manières : d'abord par un état de conscience sans intensité et sans durée; ensuite par une insuffisance d'influx nerveux moteur. Si les mouvements qui, comme on dit, « accompagnent » l'attention, mouvements de la respiration, de la circulation, de la tête, des membres, etc., sont sans vigueur; si tous ces phénomènes moteurs sont, ainsi que nous le soutenons, non des concomitants, mais des éléments, des parties intégrantes de l'attention qui donnent à l'état intellectuel une délimitation, un soutien et pour ainsi dire un corps; s'ils ont pour effet, à l'état normal, de renforcer la sensation, l'image ou l'idée par une action en retour; il est clair que ces conditions sont ici absentes ou défaillantes et qu'il ne peut se produire que des essais d'attention, faibles ou sans durée ce qui arrive.

Prenons le cas de l'ivresse, le plus simple, le plus vulgaire de tous et qui a cet avantage que la dissolution des mouvements peut être suivie jusqu'au bout. C'est une loi biologique bien connue que la dissolution suit l'ordre inverse de révolution, que son travail destructeur marche du complexe au simple, du moins automatique au plus automatique. Elle se vérifie dans l'ivresse. D'abord s'altèrent les mouvements les plus délicats, ceux de la parole qui s'embarrasse, des doigts qui perdent leur précision; plus tard, les mouvements semi-automatiques qui composent la marche, le corps titube plus tard encore, l'ivrogne n'est pas même capable de se tenir assis, il tombe à terre; enfin, perte des réflexes, il est ivre mort; à l'extrême, perte des mouvements respiratoires. Laissons les dernières phases de la dissolution des mouvements qui sont purement physiologiques; revenons au début et voyons ce qui se passe dans la conscience. Est-ce après boire qu'on est capable d'attention et surtout de réflexion? L'état de verve qui se produit alors chez certains hommes est le contraire de l'état de concentration. Le pouvoir d'arrêt faiblit; on se livre sans réserve « *In vino veritas* ». Puis peu à peu la conscience s'obscurcit, ses états flottent indécis, sans contours nets, comme des fantômes. L'affaiblissement de l'attention et celle des mouvements vont donc de pair ce sont deux aspects d'un événement unique au fond.

Toutefois une autre question se pose; nous ne voulons pas la traiter en passant et nous ne faisons que l'indiquer au lecteur. Si l'état d'épuisement nerveux empêche l'attention, nous toucherions donc ici à sa source. L'homme sain est capable d'attention, d'effort, de travail, au sens le plus large; la débilité est incapable d'attention, d'effort, de travail. Mais le travail produit ne vient pas de rien, il ne tombe pas du ciel, il ne peut être que la transformation d'une énergie préexistante, le changement d'un travail de réserve en travail actuel. Ce travail de réserve, emmagasiné dans la substance nerveuse, est lui-même l'effet des actions chimiques qui s'y passent. Telle serait donc la condition dernière de l'attention. Je m'en tiens pour le moment à cette simple remarque.

Le sommeil, d'après la théorie généralement admise, est aussi la conséquence d'un épuisement et peut-être d'une sorte d'intoxication. Les auteurs peu nombreux qui ont étudié l'attention pendant le sommeil partent de cette hypothèse implicite ou explicite, qu'elle est un pouvoir, une faculté, et ils se sont demandé si elle est suspendue. Pour nous, la question se pose autrement; il s'agit simplement de savoir si, pendant les rêves, cet *état* de monoïdéisme relatif se constitue.

Il est certain que souvent une sensation, une image, devient prédominante dans cette série d'états de conscience qui se déroulent, pendant les rêves, d'un cours rapide et désordonné. II se produit alors un moment d'arrêt; nous avons même le sentiment d'une adaptation au moins partielle et temporaire enfin l'état prédominant est toujours accompagné de quelque affection ou émotion forte (peur, colère, amour, curiosité, etc.) en sorte que nous trouvons tous les caractères essentiels de l'attention spontanée.

Y a-t-il de même des équivalents de l'attention volontaire, artificielle? Tout d'abord il faut retrancher une catégorie de cas que l'on serait tenté de produire comme des exemples affirmatifs. Telles sont les solutions de problèmes, les découvertes scientifiques, les inventions artistiques ou mécaniques, les combinaisons ingénieuses qui se sont révélées en rêve. Tartini, Condorcet, Voltaire, Franklin, Burdach, Coleridge et bien d'autres ont rapporté des observations personnelles assez connues pour que je me borne à les rappeler. Mais tout cela est le résultat de l'automatisme cérébral, c'est-à-dire d'un mode d'activité qui est en complet antagonisme avec l'attention volontaire. On ne découvre, on n'invente, on ne résout que d'après les habitudes de son esprit. Coleridge compose un poème, mais il ne résout pas des problèmes d'algèbre; Tartini achève sa sonate, mais il n'invente pas une combinaison financière. C'est un long travail d'incubation antérieure, tantôt conscient, le plus souvent inconscient (c'est-à-dire purement cérébral), qui atteint brusquement le moment de l'éclosion. L'état de l'esprit, pendant les rêves, est aussi défavorable que possible à la constitution de l'attention volontaire d'une part, rapidité et incohérence des associations; d'autre part, disparition ou affaiblissement extrême de toute coordination. Les formes les plus hautes, les plus délicates, les plus complexes, disparaissent les premières. Pourtant le pouvoir volontaire n'est pas toujours suspendu, puisque nous essayons quelquefois de nous maintenir dans un état qui nous plaît ou de nous soustraire à une situation désagréable. Aussi il y a des cas qui présentent au moins une ébauche de l'attention volontaire, ce qui est assez naturel chez ceux qui en ont contracté l'habitude. Parfois l'absurdité de certains rêves nous révolte nous nous appliquons à en faire ressortir pour nous-mêmes les contradictions. Nous faisons certains calculs dont l'inexactitude nous choque et nous nous efforçons de découvrir les causes d'erreur. Mais c'est l'exception. Si le sommeil n'était pas la suspension de l'effort sous l'une de ses formes les plus pénibles, il ne serait pas une réparation.

Pour le somnambulisme naturel et plus encore pour l'hypnotisme, la question est loin d'être élucidée. Braid, qui le premier a débarrassé le somnambulisme provoqué du merveilleux qui l'entourait, réduit toute la psychologie de ce phénomène a une « concentration de l'attention » ce qui a été soutenu avec quelques variantes par Carpenter, Heidenhain, Schneidcr et surtout Beard (de New-York). Pour ce dernier, c'est « un trouble fonctionnel du système nerveux, dans lequel l'activité est concentrée dans une région limitée du cerveau, le reste étant inactif, ce qui produit la perte de la volition ». D'après sa comparaison favorite, l'écorce cérébrale ressemble à un lustre éclairé au gaz, à becs nombreux. Quand tous sont allumés, c'est la veille; quand tous sont resserrés sans être complètement éteints, c'est le sommeil; quand tous sont éteints sauf un seul qui brille de tout son éclat et consume tout le gaz, c'est l'hypnose avec ses divers degrés. Cette théorie de l' «attention concentrée » a subi plus d'une critique et parait difficilement applicable à tous les cas. L'hypnotisme produit chez des poules et des écrevisses par le P. Kircher, Czermak, Preyer, peut-il être attribué à une concentration anormale de l'attention? Il est certain que l'hypnotisé est bien préparé au monoïdéisme; mais cet état artificiellement produit par suggestion est-il assimilable à l'attention proprement dite? Ne se rapproche-t-il pas plutôt l'idée fixe ?

IV

L'idiotie a des degrés, de la nullité complète de l'intelligence jusqu'à la simple faiblesse d'esprit, selon le point où s'est produit l'arrêt de développement. Quelques imbéciles ont même un talent particulier (pour les arts mécaniques, le dessin, la musique, le calcul) qui tranche d'autant plus qu'il est entouré par le vide. On a comparé ces facultés isolées aux instincts des animaux.

Les conditions les plus élémentaires de l'attention manquent ou n'apparaissent que par éclairs. Les sens malformés ne transmettent que des impressions obtuses. Les centres supérieurs sont impropres à les élaborer et à les lier. L'état du pouvoir moteur, ce facteur essentiel de l'attention, mérite d'être noté. Il présente toujours des anomalies: paralysies, convulsions, contractures, épilepsie ou un automatisme borné qui répète sans fin les mêmes mouvements balancer constamment le corps en s'accompagnant d'un chant monotone, frapper les murs, ouvrir et fermer indéfiniment le même meuble, etc. Nulle puissance de coordination ni de contrôle. « Les imbéciles, les idiots, dit Esquirol, sont privés de la faculté d'attention, ce qui les rend incapables d'éducation, j'ai souvent répété cette observation sur eux. Voulant mouler en plâtre un grand nombre d'aliénés, j'ai pu le faire pour les maniaques, même furieux, et !es mélancoliques; mais je n'ai pu obtenir des imbéciles qu'ils tinssent les yeux assez longtemps fermés pour couler le plâtre, quelque bonne volonté qu'ils apportassent à cette opération. J'en ai même vu pleurer de ce que le moulage n'avait pas réussi, entreprendre plusieurs fois, mais vainement, de conserver la pose qu'on leur donnait et ne pouvoir fermer les yeux plus d'une minute ou deux. » Au plus bas degré, ils n'ont pas même l'attention spontanée de l'animal pour sa propre conservation. Les moins réfractaires offrent un peu de prise à l'éducation. Séguin et d'autres ont obtenu quelques résultats par un dressage patient. Sans rechercher si les grands efforts faits dans ce sens depuis plus d'un demi-siècle ont une valeur sociale et si cette somme de travail n'aurait pas pu être dépensée plus utilement, nous voyons que les divers systèmes d'éducation essayent tous de constituer quelques états prédominants et régulateurs, c'est-à-dire une sorte d'attention. On commence par des actes d'une extrême simplicité. Ainsi, dans certains asiles des États-Unis, pour éveiller l'attention des idiots, on leur apprend à mettre des chevilles dans un trou, à répéter un air, à associer un mot à certaines figures.

En résumé, l'attention est une attitude de l'esprit; je dirais un état *formel*, si l'on n'avait abusé de ce mot. On pourrait représenter graphiquement la totalité de ses manifestations normales et morbides, par une ligne droite se bifurquant à ses deux extrémités. Au centre, mettons l'attention spontanée moyenne. En suivant notre ligne imaginaire, à droite, dans le sens de l'intensité croissante, nous avons l'attention spontanée forte, puis la préoccupation, puis ridée fixe faible; la ligne se bifurque pour représenter les deux degrés extrêmes, l'idée fixe confirmée et l'extase. Revenons à notre point de départ pour aller à gauche dans le sens de l'intensité décroissante. Nous avons l'attention volontaire, d'abord sous forme d'une habitude organisée, puis sous sa forme moyenne, puis vacillante, enfin une bifurcation répondant aux deux extrêmes la défaillance temporaire, l'impossibilité de l'attention. Entre chaque forme et ses voisines, il y a des nuances que je néglige; mais nous saisissons ainsi la communauté d'origine de tous ces états et leur unité de composition.

Conclusion

I

Nous avons essayé d'établir que l'attention, sous toutes ses formes, a pour condition immédiate et nécessaire l'intérêt c'est-à-dire des états affectifs naturel ou artificiels, et que son mécanisme est moteur. Elle n'est pas une faculté, un pouvoir spécial, mais un *état intellectuel* prédominant, par suite de causes complexes qui déterminent une adaptation courte ou longue. Nous avons assez insisté sur le rôle des mouvements pour n'y plus revenir mais il convient d'étudier un peu ces états affectifs qui suscitent et soutiennent l'attention. Jusqu'ici nous nous sommes bornés à constater leur rôle, sans rien dire de leur nature.

Il ne s'agit pas de présenter au lecteur, en courant et sous forme d'épisode, une psychologie des sentiments. Je me propose seulement de montrer que, par ce seul fait que l'attention dépend toujours d'états affectifs, elle implique *in radice* des éléments moteurs. Ainsi notre thèse principale sera justifiée encore une fois et d'une nouvelle manière.

D'abord il faut se défaire d'un préjugé très accrédité qui consiste à croire que le fond de la vie affective consiste dans le plaisir et la douleur. Ils ne sont l'un et l'autre que des effets, des résultats, des indicés, des signes qui montrent que certains appétits, penchants, tendances, sont satisfaits ou contrariés. Ils ne représentent que la portion superficielle et finale du phénomène, la seule qui entre dans la conscience. Ils sont les aiguilles de l'horloge, ils n'en sont pas le mécanisme. Les vraies causes de la vie affective doivent être cherchées bien plus bas, dans l'intimité de l'organisme. Les sentiments, émotions, passions, ont leur source primordiale dans la vie végétative. Ce qui vient du cœur, des vaisseaux, des organes digestifs, respiratoires, sexuels, en un mot de tous les viscères, est la matière première de la sensibilité, comme tout ce qui vient des sens externes est la matière première de l'intelligence et de même que, physiologiquement, la vie végétative précède la vie animale qui s'appuie sur elle, de même, psychologiquement, la vie affective précède la vie intellectuelle qui s'appuie sur elle. Les états désignés sous les noms de besoins, appétits, penchants, inclinations, tendances, désirs, sont les résultats directs et immédiats de l'organisation de chaque animal. Ils constituent le fond véritable de la vie affective. Nous dirons avec Spinoza : « L'appétit est l'essence même de l'homme. Le désir, c'est l'appétit avec conscience de lui-même. Il résulte de tout cela que ce qui fonde l'effort, le vouloir, l'appétit, le désir, ce n'est pas qu'on ait jugé qu'une chose est bonne; mais, au contraire, on juge qu'une chose est bonne parce qu'on y tend par l'effort, le vouloir, l'appétit, le désir. » A l'origine, le plaisir n'est pas cherché pour lui-même ni la peine évitée pour elle-même, puisqu'il est bien clair qu'on ne peut rechercher ni éviter ce qu'on ne connaît pas. Ce n'est que l'animal capable d'expérience, c'est-à-dire de mémoire et de réflexion, qui peut rechercher ou éviter pour eux-mêmes les états agréables ou désagréables qu'il a déjà éprouvés. Donc les psychologues et ils sont nombreux qui définissent la sensibilité « la faculté d'éprouver du plaisir et de la douleur », et qui par conséquent regardent ces deux phénomènes comme les caractères essentiels, ne descendent pas jusqu'à l'origine véritable de la vie affective. Pour définir non par les effets, mais par la cause, il faudrait dire : « C'est la faculté de désirer et *par suite* d'éprouver du plaisir et de la douleur. » Bien plus, ces besoins, appétits, désirs (pour être bref, nous les désignerons désormais par le seul mot tendances), sont eux-mêmes des effets de l'organisation ils sont l'expression immédiate de ses manières d'être, permanentes ou transitoires.

Il serait hors de propos d'entasser ici les faits et les arguments pour établir que le plaisir et la douleur dépendent des tendances, qui dépendent de l'organisme. Pour procéder d'une façon à la fois probante et rapide, il suffira d'une courte excursion dans la pathologie des états affectifs. Nous allons voir l'agréable et le désagréable varier exactement comme les tendances. Là ou l'homme normal, à inclinations normales, trouvera le plaisir, l'homme anormal, à inclinations anormales, rencontre la peine, et inversement. Le plaisir et la peine suivent la tendance comme l'ombre suit le corps.

Commençons par les tendances liées à la fonction fondamentale la nutrition. Tout le monde connaît les « envies » de la grossesse. Par suite d'une nutrition très incomplète dans les premiers mois, il se produit des troubles digestifs, circulatoires, sécrétoires, qui se traduisent par des bizarreries d'appétits, des goûts dépravés. Il est agréable de manger de la terre, de la paille, du tabac, de la suie. Les mêmes tendances se rencontrent chez certains sujets, hystériques, chlorotiques, névropathes. – Le commencement de la folie est quelquefois marqué par un régime alimentaire excentrique et désordonné. On en cite qui ont du goût pour manger des araignées, des crapauds, des vers. Plus bas encore, on trouve la « coprophagie » et la «scatophagie». Il fallait surveiller un malade pour l'empêcher d'avaler le contenu des crachoirs d'une salle d'hôpital. – Même interversion pour l'odorat. Certains névropathes trouvent désagréable l'odeur des roses et savourent la valériane ou l'assa-fœtida.

Est-il nécessaire de parler longuement des déviations et interversions de l'instinct sexuel? Les exemples abondent. Même en faisant une large part à l'imitation et à la débauche, à ce qui vient plutôt de la tête (de l'imagination) que des sens, il reste encore une moisson abondante. Toujours la même conclusion s'impose changez l'organisation, vous changez les tendances, vous changez la position du plaisir et de la peine; ceux-ci ne sont donc que des phénomènes indicateurs, des signes que les besoins, quels qu'ils soient, sont satisfaits ou entravés.

Si l'on trouve que les penchants que je viens d'énumérer sont d'une nature trop physiologique, je peux produire le groupe des impulsions irrésistibles l'invincible besoin de boire; voler, incendier, tuer, se suicider. Pour la conscience, ces impulsions sont sans cause, sans motifs raisonnables, parce que leur vraie cause, parce que les conditions de leur genèse sont au-dessous d'elle et qu'elle ne connaît que les résultats de ce travail inconscient. Ces besoins irrésistibles se produisent sous des formes très dissemblables. Les plus frivoles sont aussi instructifs pour la psychologie que les plus féroces. Ainsi, c'est un travers bien inoffensif pour la société que l' « onomatomanie » : la recherche du nom d'un inconnu, lu quelquefois par hasard dans un journal, obsède le malade, lui inflige l'insomnie et l'angoisse. Que de noms chacun de nous oublie, et il n'en a cure! Mais ici, un besoin anormale absurde, s'est constitué. Tant qu'il n'a pas atteint son but, il engendre la douleur; quand il l'a saisi, il y a plaisir.

Remarquons de même que lorsqu'une impulsion irrésistible, quelle qu'elle soit (au vol, au meurtre), s'est réalisée, il y a un moment de détente et de satisfaction.

Ces manifestations morbides ont été fort étudiées de nos jours on les considère comme les symptômes d'une cause unique la dégénérescence. En sorte que nous trouvons toujours le même enchaînement : anomalie dans l'organisation, anomalie dans les tendances qui l'expriment, anomalie dans la position du plaisir et de la douleur. Ceci admis, - que l'essentiel de la vie affective consiste dans les tendances, conscientes ou non (la conscience ne joue dans tout cela qu'un rôle subordonné), - comment faut-il nous représenter ces tendances? La seule idée positive qu'on puisse s'en faire, c'est de les considérer comme des mouvements (ou arrêts de mouvements) réels ou à l'état naissant. Elles rentrent ainsi dans l'ordre des phénomènes moteurs; en d'autres termes, un besoin, une inclination, un désir impliquent toujours une *innervation motrice* à un degré quelconque.

Le carnassier qui a saisi sa proie et la déchire avec ses dents et ses griffes a atteint son but et satisfait ses tendances à l'aide d'une dépense considérable de mouvement. Si nous supposons qu'il ne tient pas encore sa victime, mais qu'il la voit et la guette, tout son organisme est à l'état de tension extrême, prêt à agir, les mouvements ne sont pas réalisés, mais la plus légère impulsion les fait passer a l'acte. À un degré plus faible, l'animal rôde, cherchant des yeux et de l'odorat quelque capture que le hasard de la chasse lui amènera c'est un état de demi-tension, l'innervation motrice est beaucoup moins forte et vaguement adaptée. Enfin, à un degré plus faible encore, il est en repos dans sa tanière l'image indécise d'une proie, c'est-à-dire le souvenir de celles qu'il a dévorées, traverse son esprit, l'élément moteur est très peu intense, à l'état naissant, et il ne se traduit par aucun mouvement visible. Il est certain qu'entre ces quatre degrés il y a continuité et qu'il y a toujours en jeu un élément moteur, avec une simple différence du plus au moins. L'exemple choisi est grossier à dessein, pour être clair. Nous aurions pu tout aussi bien choisir l'amour, l'aversion ou la peur, partir de leurs manifestations motrices les plus tumultueuses et, par des affaiblissements successifs qui se rencontrent en fait dans l'expérience, les réduire à un état purement intérieur qui n'est qu'une innervation motrice extrêmement faible, un mouvement à l'état naissant.

La tendance se trouve ainsi rattachée à un phénomène physiologique qui lui donne un corps. Ce n'est plus un « état de l'âme » au caractère mystérieux et transcendant. Penchants, inclinations, désirs, tous ces mots et leurs synonymes signifient un mouvement naissant ou avorté, suivant qu'il est apte à évoluer jusqu'à son extrême limite ou qu'il doit subir un arrêt de développement. L'état de conscience concomitant peut indifféremment paraître ou disparaître, la tendance peut être consciente ou inconsciente, l'innervation motrice n'en persiste pas moins comme élément fondamental.

Voici donc à quelle conclusion nous arrivons : l'attention dépend d'états affectifs, les états affectifs se réduisent à des tendances, les tendances sont au fond des mouvements (ou arrêts de mouvements) conscients ou inconscients. L'attention spontanée ou volontaire, est donc liée à des conditions motrices dès son origine même.

II

Il nous reste maintenant à faire quelques remarques sur la condition physique la plus générale de l'attention.

Si l'on veut bien observer les hommes tels qu'ils sont, pris en masse, non les esprits dressés et cultivés, comme le font presque toujours les psychologues, on reconnaîtra sans peine que l'attention spontanée et surtout l'attention volontaire sont des états exceptionnels. Eliminons d'abord la routine de la vie, toute cette masse énorme d'habitudes qui nous meuvent comme des automates, avec des états de conscience vagues et intermittents. Eliminons les périodes de notre vie mentale où nous sommes surtout passifs, parce que l'ordre et la succession de nos états de conscience nous sont donnés du dehors et que leur série nous est imposée, comme une lecture d'un intérêt moyen, une occupation manuelle ou autre supposant une succession d'actes dans un ordre fixe. Eliminons cet état de repos relatif pour l'esprit, où l'on « ne pense à rien », c'est-à-dire où les états de conscience n'ont ni intensité ni détermination nette: la nonchalance intellectuelle, la rêverie à tous ses degrés.

Eliminons les états de passion et d'agitation violente avec leur flux désordonné et leur diffusion de mouvements. Ces éliminations faites et probablement d'autres encore, le reste peut s'inscrire au compte général de l'attention. Dans ce compte général, les cas d'attention spontanée sont le grand nombre, les cas francs et nets d'attention volontaire sont le petit nombre; chez beaucoup d'hommes et de femmes, ils équivalent à presque rien. Nous avons essayé de donner les raisons psychologiques de cette différence. Mais nous avons aussi noté incidemment ce fait d'observation vulgaire que, dans l'état de fatigue, d'épuisement, l'attention est très difficile, souvent impossible, toujours sans durée.

C'est que, par sa nature, l'attention plus que tout autre état intellectuel exige une grande dépense de force physique, qui doit se produire dans des conditions particulières.

Rappelons encore une fois qu'elle n'existe que par le rétrécissement du champ de la conscience, ce qui équivaut à dire que, physiquement, elle suppose la mise en activité d'une partie restreinte du cerveau. Qu'on se représente cette partie comme une région localisée ou, ce qui est plus probable, comme formée d'éléments divers, répandus dans la masse de l'encéphale et travaillant de concert à l'exclusion des autres, il n'importe. L'état normal de la conscience suppose la diffusion avec travail cérébral disséminé. L'attention suppose la concentration avec travail cérébral localisé. Quand le cerveau passe de l'état normal à l'état d'attention forte, c'est l'analogue de ce qui arrive lorsqu'au lieu de soutenir un poids sur nos épaules, nous devons le soutenir avec un seul doigt. Ce travail qui incombe tout entier à une fraction de l'organe ne peut provenir que de la transformation rapide d'énergie potentielle ou de réserve en énergie actuelle. Tout travail physiologique dérive des actions chimiques produites dans l'organisme, qui elles-mêmes ont pour origine les aliments et l'oxygène. Cette production de travail, résultant de la nutrition, est loin d'être constante. Il est inévitable que, chez les débilités, le travail de réserve fasse défaut et que par suite l'épuisement se produise à bref délai. Même chez les mieux doués, le capital accumulé se dépense vite, si l'attention a de la force et de la durée. Il semble donc que la condition physique dernière, exigée par l'attention, consiste dans ce que les physiologistes appellent la dynamogénie, c'est-a-dire, d'après la définition de Brown-Séquard, « le pouvoir que possèdent certaines parties du système nerveux de faire apparaître soudainement une augmentation d'activité par une influence purement dynamique ». Cet auteur a rapporté l'observation d'une jeune fille qui, tous les dimanches, au son d'une cloche, entrait en extase et se tenait pendant douze heures debout sur le rebord glissant de son lit, ne s'appuyant qu'à l'aide des orteils et d'une très petite partie de la surface plantaire, sans pouvoir être troublée dans son immobilité par trois chocs électromagnétiques violents elle passait le reste de la semaine au lit, épuisée, presque incapable de mouvement. Pour exécuter ce tour de force durant une demi-journée sans interruption, il fallait développer une prodigieuse puissance d'action dans l'appareil moteur. N'est-il pas vraisemblable que les cas d'attention extraordinaire et prolongée supposent dans certaines parties du système nerveux une suractivité analogue, qui est également suivie d'une période de fatigue et d'impuissance? La dynamogénie est d'ailleurs un état physiologique si peu connu dans ses causes qu'il serait sans profit d'insister et d'en tirer des déductions psychologiques. Il faut noter que ce qui précède ne se rapporte rigoureusement qu'aux conditions *physiques* de l'attention. Les termes travail, transformation de l'énergie n'ont une valeur et un sens que dans l'ordre des phénomènes physiques l'état de conscience, l'événement intérieur (quelque idée qu'on s'en fasse) est sans commune mesure avec eux. La « force psychique » dont parlent certains auteurs, n'est qu'une métaphore, à moins qu'on entende par là les conditions physiques d'un état de conscience et elles seules. Soutenir qu'une attention puissante dépend de la possibilité d'une transformation d'énergie potentielle en énergie actuelle, c'est donc indiquer l'une de ses conditions matérielles fondamentales et rien de plus. Il y aurait bien des conséquences pratiques à indiquer en terminant cette étude sur l'attention j'y renonce. Mon seul but était d'analyser son mécanisme. Ce sujet ne m'a paru traité nulle part selon son importance; j'ai essayé de le faire d'après la théorie de l'évolution, en montrant que l'attention volontaire n'est qu'une forme supérieure, extrême, issue de formes inférieures par des procédés demi-inconscients, demi-conscients.